辅导读物
FUDAO DUWU

《基层工会会员代表大会条例》适用指南

张智君 编著

中国工人出版社

图书在版编目（CIP）数据

《基层工会会员代表大会条例》适用指南 / 张智君编著. —北京：
中国工人出版社，2020.1
ISBN 978-7-5008-7331-0

Ⅰ.①基…　Ⅱ.①张…　Ⅲ.①工会会员—代表会议—条例—
法律适用—中国—指南　Ⅳ.①D922.565

中国版本图书馆CIP数据核字（2020）第024898号

《基层工会会员代表大会条例》适用指南

出 版 人	王娇萍
责任编辑	赵晨羽
责任印制	栾征宇
出版发行	中国工人出版社
地　　址	北京市东城区鼓楼外大街45号　邮编：100120
网　　址	http://www.wp-china.com
电　　话	（010）62005043（总编室） （010）62005039（印制管理中心） （010）82075935（工会与劳动关系分社）
发行热线	（010）62033018　62004002　62046264 （010）82081553（传真）
经　　销	各地书店
印　　刷	三河市万龙印装有限公司
开　　本	700毫米×1000毫米　1/16
印　　张	18
字　　数	210千字
版　　次	2020年4月第1版　2023年11月第6次印刷
定　　价	48.00元

前　言

基层工会离职工最近，联系职工最直接，服务职工最具体，是做好工会工作的基础和关键。成立基层工会就要召开会员大会或会员代表大会，会员大会或会员代表大会是基层工会的最高领导机构，也是基层工会建设的起点。因此，会员大会或会员代表大会是工会的一项重要制度，是基层工会发挥作用的基础和前提。怎样召开会员大会或会员代表大会呢？以前主要依据的是1992年4月14日中华全国总工会办公厅印发的《关于基层工会会员代表大会代表实行常任制的若干暂行规定》（以下简称《暂行规定》），这一《暂行规定》对加强基层工会建设发挥了重要作用。到2018年，这一《暂行规定》已经施行了26年。26年来，我国政治经济文化社会发生了深刻变化，劳动关系和职工队伍发生了深刻变化，基层工会组织建设和工会工作也发生了深刻变化，原《暂行规定》存在很多不适应、不完善的问题。有的规定已不符合基层工会实际，有的规定与《中国工会章程》等规范性文件相冲突，有的地方存在规定上的空白，致使一些基层工会召开会员大会或会员代表大会各行其是、随心所欲，产生了许多不和谐不稳定因素，影响了基层工会的合法性、代表性和权威性。

2016年10月9日，中华全国总工会印发的《工会基层组织选举工作条例》，主要规范会员大会或者会员代表大会怎样选举基层工会委员会、经费审查委员会及女职工委员会等领导机构问题。但随之而来的一系列新的问题也凸现出来，比如，怎样选举会员代表、怎样组成会员代表大会、怎样召开会员代表大会、怎样罢免和补选会员代表、怎样罢免和补选基层工会委员会组成人员、怎样开展会员评家，等等。因此，适应新时代基层工会组织建设和工会工作的新形势新要求，制定一部完备的基层工会会员代表大会制度，回应现实关切，解决现实难题，明确会员代表大会的有关问题，并做到与基层工会选举制度、会员评家制度相互衔接相互配套，从制度设计来看显得十分必要和紧迫。

为了与《工会基层组织选举工作条例》相衔接相配套，2017 年我们就着手《基层工会会员代表大会条例》（以下简称《条例》）的调研论证工作。经广泛征求意见，反复讨论修改，2018 年 12 月 25 日，中华全国总工会第十七届书记处第 4 次会议审议通过了《条例》，2019 年 1 月 15 日正式印发施行。《条例》不仅填补了基层工会组织建设制度的一些空白点，还解决了现有相关制度的一些冲突点，同时增设了破解现实问题的一些创新点，具有较强的现实性、针对性和操作性。可以说，这是强化基层工会组织建设的又一重要成果，也是推进工会改革向基层延伸的又一重大举措，对夯实基层基础、激发基层工会活力、发挥基层工会作用具有十分重要的意义。

为帮助各级工会干部学习领会该《条例》，把握《条例》核心要义，推动《条例》落实落地，作为《条例》制定的主持者参与者，应中国工人出版社的邀请，笔者撰写了《〈基层工会会员代表大会条例〉适用指南》。本书采取分条释义的办法，针对每一条文从条文主旨、主要背景、条文解析、参考规定等四个方面予以阐释。条文主旨，指明本条款的用意是什么；主要背景，回答为什么制定本条款；条文解析，详细解读本条款的具体含义；参考规定，链接其他有关规定。对实践中容易误解、混淆或困惑的问题，在条文解析时顺便予以说明，供读者参考。另外在每一章的前面对该章内容作总体性的概括。为方便读者，最后附录了与本条例密切相关的《工会法》及工会其他规范性文件。

本书力求全面、准确、深度阐释每一条款的含义，释义力求有理有据，用语力求通俗易懂。但因时间仓促、功力所限，释义不当、分析欠妥、引证疏漏之处在所难免，敬请各位读者不吝指教。

作 者

2019 年 12 月

目　录

第一章　总　则

第二章　会员代表大会的组成和职权

第三章 会员代表

第四章 会员代表大会的召开

第五章　附　则

附　录

基层工会会员代表大会条例

（2018 年 12 月 25 日中华全国总工会第十七届书记处

第 4 次会议通过，2019 年 1 月 15 日印发）

第一章　总　则

本章旨在明确会员代表大会最基本、最重要的问题，是本条例的灵魂，主要包括：立法目的、适用范围、召开会员代表大会的条件、会员代表大会的性质、会员代表大会的任期、会员代表大会坚持的原则、会员代表大会的指导和监督等内容。

第一条　［立法宗旨］

为完善基层工会会员代表大会制度，推进基层工会民主化、规范化、法治化建设，增强基层工会政治性、先进性、群众性，激发基层工会活力，发挥基层工会作用，根据《中华人民共和国工会法》《中国工会章程》等有关规定，制定本条例。

条文主旨

本条是关于制定本条例宗旨的规定。

主要背景

会员代表大会是工会的一项重要制度，是基层工会组织建设的基础和前提。《中华人民共和国工会法》（以下简称《工会法》）第九条规定："各级工会委员会由会员大会或者会员代表大会民主选举产生。""各级工会委员会向同级会员大会或者会员代表大会负责并报告工作，接受其监督。"《中国工会章程》第九条也规定，中国工会实行民主集中制，"工会的各级领导机关，除它们派出的代表机关外，都由民主选举产生。""工会各级委员会，向同级会员大会或者会员代表大会负责并报告工作，接受会员监督。"上述这些规定确立了工会组织建设的一个基本制度：除派出的代表机关外，工会的各级领导机关都是工会委员会，工会委员会的产生应通过召开会员大会或会员代表大会民主选举。

但《工会法》《中国工会章程》确立的只是一个基本原则，并没有具体操作规定。那么，基层工会究竟怎样召开会员大会或会员代表大会呢？以前主要依据的是 1992 年 4 月 14 日中华全国总工会办公厅印发的《关于基层工会会员代表大会代表实行常任制的若干暂行规定》（以下简称《暂行规定》）。到 2018 年，这一《暂行规定》已经施行了 26 年。26 年来，我国经济社会发生了深刻变化，劳动关系和职工队伍发生了深刻变化，基层工会组织建设和工会工作也发生了深刻变化，原《暂行规定》存在着很多不适应、不完善的问题。

一是有的规定已不适应基层工会实际。比如，原《暂行规定》第二条第三款规定："会员在 200 人以下的基层工会，一般应召开会员大会。如因特殊情况需要召开会员代表大会时，须经上级工会批准，代表人数比例不得少于会员的 30%。"现实中，会员在 100—200 人的基层工会较多，有的还比较分散，集中开会面临不少困难。同时，这一规定还与《中国工会章程》《工会基层组织选举工作条例》等规定相冲突。

二是有的地方存在制度上的空白。比如，原《暂行规定》第五条规定："基层工会会员代表大会代表，一律采取无记名投票方式差额选举产生。"但差额多少，并没有明确。再比如，原《暂行规定》第十六条规定："每届基层工会代表大会第一次会议，应在本届基层工会代表大会代表选举完成后一个月内，由上届基层工会委员会召集，并应将会议日期和建议会议讨论的事项提前10天通知代表。"这里就遇到一个问题：新建立的基层工会谁负责筹备？第一次会议谁负责召集？因制度上存在着诸多不完善的地方，致使各地基层工会召开会员代表大会各行其是、运作不规范，产生了许多不和谐不稳定的因素，影响了基层工会的代表性和权威性。

因此，适应新时代基层工会组织建设和工会工作的新形式新要求，制定新的基层工会会员代表大会制度，回应现实关切，解决现实难题，明确会员代表大会的有关问题，并做到与基层工会选举制度、会员评家制度相互衔接相互配套，是十分必要和紧迫的。

条文解析

制定《基层工会会员代表大会条例》属于工会内部立法。立法宗旨就是立法目的，它是制定条例的灵魂，居于统领地位，决定着条例的价值取向，关乎具体条款设计。立法宗旨要贯彻党的政治要求、体现工会性质、符合基层实际、解决实践问题。理解本条规定，应把握四层含义：

第一，完善基层工会会员代表大会制度。这是从制度设计角度考虑的。依照《工会法》《中国工会章程》的规定，除派出代表机关外，成立基层工会组织必须召开会员大会或会员代表大会，不召开会员大会或会员代表大会是无法成立基层工会组织的。所以，会员大会或会员代表大会制度是基层工会组织建设的基础和前提。《工会法》《中国工会章程》虽有会员大会或会员代表大会的规定，但只是一些原则性规定，不具有可操作性。原《暂行规定》虽有可操作性，但已经施行了26年，存在许多不适应、不完善的地方。2000年以来，中华全国总工会相继印发了一系列加强基层工会建设的规范性文件，比如，2006年的

《企业工会工作条例》、2007 年的《企业工会主席合法权益保护暂行办法》、2008 年的《企业工会主席产生办法（试行）》、2009 年的《关于加强小企业工会联合会建设的意见》、2009 年的《关于开展会员评议职工之家活动的意见》、2010 年的《中华全国总工会关于进一步加强建设职工之家工作 充分发挥基层工会作用的意见》、2014 年的《中华全国总工会基层组织建设工作规划（2014—2018 年）》、2014 年的《中华全国总工会关于新形势下加强基层工会建设的意见》、2015 年的《机关工会工作暂行条例》、2016 年的《工会基层组织选举工作条例》和《中华全国总工会关于增强基层工会活力发挥基层工会作用的实施意见》，等等。这些意见或规范性文件，虽有会员大会或会员代表大会的个别条款，但总的来看，这些规定比较原则、零散，操作性、衔接性不强，而且还存在许多“空白点”和“冲突点”。因此，必须全面梳理现有相关规定，吸收原《暂行规定》的合理内容，制定一部内容完备、符合基层实际、适应时代要求、具有可操作性的《基层工会会员代表大会条例》，以便为基层工会召开会员大会或会员代表大会提供遵循，这不仅是现实的迫切需要，也是完善制度的迫切要求。

第二，推进基层工会民主化、规范化、法治化建设，增强基层工会政治性、先进性、群众性。这是加强基层工会组织建设的根本和关键。工会是职工自愿结合的工人阶级的群众组织，工会组织的基本属性是阶级性和群众性。阶级性，简单地理解，就是在中国共产党的领导下，工会要始终保持属于工人阶级自己组织的本色；群众性，简单地理解，就是工会要密切联系职工群众，按照职工群众的意愿和要求开展活动，保持工会组织的群众性特色。工会组织的基本属性落实到组织建设中，要体现六个方面的要求：

一是民主化。这是工会组织建设的内在要求，也是工会组织的生命。要充分尊重会员的主体地位，确保会员的知情权、参与权、选举权、监督权。如果不能保障会员的民主权利，工会必然会脱离职工群众。1978 年 10 月 11 日，邓小平同志在中国工会第九次全国代表大会致辞中指出：“无论要做好以上哪一项工作，工会组织都必须密切联系群众，使广大工人感受到工会确实是工人自己的组织，是工人信得过的、能替工人说话和办事的组织，是不会对工人说瞎话、拿工会的会费做官当老爷、替少数人谋私利的组织。工会要为工人的民主权利奋斗，反对形形色色的官僚主义，它本身就必须是民主的模范。”

二是规范化。这是工会之所以成为组织的必然要求，也是工会组织建设的显著标志。工会是一个人与人集合在一起的政治组织，不同于一般的民间组织。既然是一个政治组织，就必须有章可循，有矩可遵，不能随心所欲、各行其是，要把工会自身建设和各项工作纳入规范化的轨道。通过规范化建设，使工会组织机构合理设置、职责明确划分、资源有效配置、工作规范运转，确保工会组织转起来活起来强起来，从而增强工会组织的吸引力凝聚力战斗力。

三是法治化。这是工会组织建设的重要保障，也是工会推进工会工作法治化的时代要求。为贯彻党的十八届四中全会通过的《中共中央关于全面推进依法治国若干重大问题的决定》，中华全国总工会提出了推进工会工作法治化建设的实施意见。强调依法建会、依法管会、依法履职、依法维权，坚持在法治轨道上推进工会各项工作。推进工会工作法治化，首先要从依法建会、依法管会做起，在吸收会员、选举会员代表、召开会员代表大会、选举基层工会组成人员、进行会员评家、罢免会员代表和基层工会组成人员等各个环节，都要强化法治观念，树立法治思维，以法律为依据，按法定程序办事、按法定职责履职，提升基层工会组织建设的法治化水平。

四是政治性。这是工会组织的灵魂，也是工会组织建设的根本要求。离开了政治性，工会就容易产生脱离党的领导的倾向，就会庸俗化，就会成为一般社会组织，甚至会走向邪路。党的十八大以来，习近平总书记关于工人阶级和工会工作发表了一系列重要论述，反复强调工会一定要坚持正确的政治方向。比如，2013 年 10 月 23 日，习近平总书记在同中华全国总工会第十六届领导班子成员集体谈话时指出：“工会工作做得好不好、有没有取得明显成效，关键看有没有坚持正确政治方向，一言以蔽之，就是要坚持中国共产党领导和社会主义制度。”“坚持党的领导，是政治立场和政治原则，也是工作准则和具体要求。”

五是先进性。这是工会组织属性的内在要求，也是工会的一个显著标志。没有先进性，怎么能组织动员职工群众前进呢？2015 年 7 月 6 日，习近平总书记在中央党的群团工作会议讲话中指出：“我们的工会、共青团、妇联等群团组织是党直接领导的群众组织，承担着组织动员广大人民群众为完成党的中心任务而共同奋斗的重大责任，必须把保持和增强先进性作为重要着力点。”怎样保持和增强先进性呢？习近平总书记进一步强调指出，必须牢牢把握为实现中华民族伟大复兴的中国梦而奋斗的时代主题，紧紧围绕党和国家工作大局，组织动员广大人民群众走在时代前列，在改革发展稳定第一线建功立业；必须始终站在党和人民的立场上，坚持为党分忧、为民谋利，把思想政治工作贯穿于所开展的各种活动中，多做组织群众、宣传群众、教育群众、引导群众的工作，多做统一思想、凝聚人心、化解矛盾、增进感情、激发动力的工作。

六是群众性。这是工会组织的根本特点，也是工会组织属性的显著特征。离开了群众性，工会组织就容易走向官僚化、空壳化。要以职工群众为中心，让职工群众当主角，而不能当配角、当观众。习近平总书记在同中华全国总工会第十六届领导班子成员集体谈话时强调：“要积极扩大工会工作覆盖面，努力把工作做到所有职工群众中去，把更多职工群众吸引到工会中来、吸引到工会活动中来，使工会工作更贴近基层、贴近职工群众，更符合职工群众意愿。”“要走出高楼大院，摆脱文山会海，破除衙门作风，破除机关化、行政化现象，更多到职工群众中去，保持同职工群众的密切联系，依靠职工群众开展工作，使工会组织真正成为广大职工群众信赖的‘职工之家’。”

第三，激发基层工会活力，发挥基层工会作用。这是从目标导向考虑的。完善基层工会会员代表大会制度的目的和指向是激发基层工会活力，真正使基层工会发挥作用。

毋庸回避的是，当前大多数职工群众对基层工会发挥作用的认可度不够高。调查显示，大多数的调查对象认为本单位工会在服务职工和保护职工利益方面发挥作用有限，职工对本单位工会发挥作用情况评分最低的三项是“组织职工参与企业管理”“提高职工工资收入”“提高职工职业技能”，而这三项工作恰恰是职工群众最关心、最期盼的。只有32.8%的调查对象比较关注工会微信公众号等工会新媒体，“网上工会”建设效能不足，服务职工信息化程度不高，存在“联不上”“粘不牢”“不解渴”等问题。38.6%的职工表示所在单位工会没开展网上服务，仅有6.7%的职工经常参加网上工会活动，参与度低的主要原因是工会举办的活动缺乏吸引力。

调查还显示，认为影响基层工会发挥作用的两大内在原因是缺少经费、缺少人员，分别为65.6%、45.8%。63%的调查对象认为，缺乏上级工会的指导和帮助是影响基层工会发挥作用的首要外部原因，表现在对基层工会的政策指导不精准、服务保障不到位、解决问题不给力，仍习惯于层层发文、考核评比。55%的调查对象认为，单位党政不重视、不支持是影响基层工会发挥作用的第二大外部原因。

一些基层工会干部存在与职工感情不深、服务意识不强、业务素质不高、维权履职不力等问题。有的基层工会干部不注重学习，凭感觉、拍脑袋、靠习惯开展工作，工作能力、创新精神不适应新形势对工会的新要求。有的事业心和责任感不强，缺乏担当作为和实干精神，解决职工困难、维护职工权益的积极性不高、办法不多。有的对职工感情不深，不能与职工群众打成一片，甚至个别工会干部作风懒散、脱离群众，得不到职工群众的认可。

激发基层工会活力、发挥基层工会作用是一篇大文章，涉及工会领导体制、工作机制、组织制度、思想观念及资源手段等诸多内外因素，需要综合施策，久久为功。其中一个重要方面，就是要解决源头问题，完善会员代表大会制度，推动这一制度落实落地，持续推进基层工会民主化、规范化、法治化建设，增强基层工会政治性、先进性、群众性，使每个基层工会都充满生气和活力，真正履行法定职责，从而赢得职工群众的信赖。

第四，根据《中华人民共和国工会法》《中国工会章程》等有关规定，制定本条例。这是制定本条例的主要依据。制定《基层工会会员代表大会条例》应当以我国法律法规为依据，不得与国家法律法规相冲突，不得与党和国家的相关政策相违背。制定本条例的主要依据是《工会法》《中国工会章程》，同时参考了其他法律法规，并有效吸收了中华全国总工会已经印发的相关规定。

现行《工会法》是全国人民代表大会通过的国家基本法律，是党和国家意志的体现，适用于我国境内所有的公民、法人和组织。认识这一点至关重要。对工会而言，《工会法》是工会的根本大法，也是工会的“镇会之宝”，是开展工会工作和规范工会自身建设的总依据、总遵循。制定本条例应首先遵循《工会法》中关于工会组织建设的基本规定和原则精神，不得与这些规定和精神相违背、相冲突。

《中国工会章程》是工会全国代表大会通过的，适用于工会内部的规范性文件，是处理工会内部事务的基本准则。《中国工会章程》主要是依据《工会法》制定的，《中国工会章程》把《工会法》的一些原则性规定具体化，使之具有可操作性。比如，《工会法》第三条明确规定，职工有依法参加和组织工会的权利，但并没有规定加入工会的程序。为使职工加入工会的这一权利落地，《中国工会章程》第二条规定："职工加入工会，由本人自愿申请，经工会基层委员会批准并发给会员证。"只要《中国工会章程》的规定不与宪法和法律相抵触，《中国工会章程》的效力是得到法律承认的。所以，《中国工会章程》也是制定本条例的重要依据。

注意：如果《中国工会章程》的规定与宪法和法律相抵触，应以宪法和法律为准，这里的法律不仅包括其他法律，也包括《工会法》本身。

此外，还合理吸收了中华全国总工会印发的《企业工会工作条例》《关于加强小企业工会联合会建设的意见》《关于开展会员评议职工之家活动的意见》《关于进一步加强建设职工之家工作 充分发挥基层工会作用的意见》《关于新形势下加强基层工会建设的意见》《机关工会工作暂行条例》《工会基层组织选举工作条例》《关于增强基层工会活力发挥基层工会作用的实施意见》，等等。

参考规定

1.《工会法》

第九条　工会各级组织按照民主集中制原则建立。

各级工会委员会由会员大会或者会员代表大会民主选举产生。企业主要负责人的近亲属不得作为本企业基层工会委员会成员的人选。

各级工会委员会向同级会员大会或者会员代表大会负责并报告工作，接受其监督。

工会会员大会或者会员代表大会有权撤换或者罢免其所选举的代表或者工会委员会组成人员。

上级工会组织领导下级工会组织。

第十五条　基层工会委员会每届任期三年或者五年。各级地方总工会委员会和产业工会委员会每届任期五年。

第十六条　基层工会委员会定期召开会员大会或者会员代表大会，讨论决定工会工作的重大问题。经基层工会委员会或者三分之一以上的工会会员提议，可以临时召开会员大会或者会员代表大会。

2.《中国工会章程》

总则　中国工会坚持以改革创新精神加强自身建设，构建联系广泛、服务职工的工作体系，增强团结教育、维护权益、服务职工的功能，坚持群众化、民主化，保持同会员群众的密切联系，依靠会员群众开展工会工作。各级工会领导机关坚持把工作重点放到基层，着力扩大覆盖面、增强代表性，着力强化服务意识、提高维权能力，着力加强队伍建设、提升保障水平，坚持服务职工群众的工作生命线，全心全意为基层、为职工服务，构建智慧工会，增强基层工会的吸引力凝聚力战斗力，把工会组织建设得更加充满活力、更加坚强有力，成为深受职工群众信赖的学习型、服务型、创新型“职工之家”。

第九条　中国工会实行民主集中制，主要内容是：

（一）个人服从组织，少数服从多数，下级组织服从上级组织。

（二）工会的各级领导机关，除它们派出的代表机关外，都由民主选举产生。

（三）工会的最高领导机关，是工会的全国代表大会和它所产生的中华全国总工会执行委员会。工会的地方各级领导机关，是工会的地方各级代表大会和它所产生的总工会委员会。

（四）工会各级委员会，向同级会员大会或者会员代表大会负责并报告工作，接受会员监督。会员大会和会员代表大会有权撤换或者罢免其所选举的代表和工会委员会组成人员。

（五）工会各级委员会，实行集体领导和分工负责相结合的制度。

凡属重大问题由委员会民主讨论，作出决定，委员会成员根据集体的决定和分工，履行自己的职责。

（六）工会各级领导机关，加强对下级组织的领导和服务，经常向下级组织通报情况，听取下级组织和会员的意见，研究和解决他们提出的问题。下级组织应及时向上级组织请示报告工作。

3.《企业工会工作条例》

第八条　会员大会或会员代表大会是企业工会的权力机关，每年召开一至两次会议。经企业工会委员会或三分之一以上会员提议可临时召开会议。

会员代表大会的代表由会员民主选举产生，会员代表实行常任制，任期与企业本届工会委员会相同，可连选连任。

会员在一百人以下的企业工会应召开会员大会。

第十二条　企业工会委员会是会员大会或会员代表大会的常设机构，对会员大会或会员代表大会负责，接受会员监督。在会员大会或会员代表大会闭会期间，负责日常工作。

4.《机关工会工作暂行条例》

第七条　机关工会组织按照民主集中制原则建立。工会委员会由会员大会或者会员代表大会民主选举产生，选举结果报上一级工会批准。

机关工会接受同级机关党组织和上级工会双重领导，以同级机关党组织领导为主。

5.《企业工会主席产生办法（试行）》

第十三条　企业工会主席产生均应依法履行民主选举程序，经会员民主选举方能任职。

第十四条　选举企业工会主席应召开会员大会或会员代表大会，采取无记名投票方式进行。

因故未出席会议的选举人，不得委托他人代为投票。

第二条 ［适用范围］

本条例适用于企业、事业单位、机关、社会团体和其他社会组织单独或联合建立的基层工会组织。

乡镇（街道）、开发区（工业园区）、村（社区）建立的工会委员会，县级以下建立的区域（行业）工会联合会，如召开会员代表大会的，依照本条例执行。

条文主旨

本条是关于条例适用范围的规定。

主要背景

适用范围是一部规范性文件的核心条款之一，也是必备条款之一。一般，一部法律法规、规章政策都是用来调整规范某一领域或某一方面社会关系的，设定适用范围是必备条款。适用范围好比画了一个圆圈，要明确哪些情况适用于圆圈内，哪些情况不适用于圆圈内，适用范围具有排他性。所以，设定适用范围至关重要。设定适用范围必须严谨科学、清晰准确，如果概念模糊不清，造成多种理解，就难以有效执行。设定适用范围主要应把握三个原则：

一是要符合上位法的规定，不能随意扩大范围，也不能随意缩小范围；

二是要明确适用范围的含义，概念要清晰准确，避免可能多种理解，产生歧义；

三是要符合实际情况，科学合理，便于理解与执行。

设定适用范围可以有多种方式，关键是要抓住所调整的社会关系的本质。就本条例而言，首先要明确什么是基层工会。先看法律的相关规定，《工会法》第十条第一款规定：“企业、事业单位、机关有会员二十五人以上的，应当建立基层工会委员会；不足二十五人的，可以单独建立基层工会委员会，也可以由两个以上单位的会员联合建立基层工会委员会，也可以选举组织员一人，组织会员开展活动。女职工人数较多的，可以建立工会女职工委员会，在同级工会领导下开展工作；女职工人数较少的，可以在工会委员会中设女职工委员。”第十一条第一款规定：“基层工会、地方各级总工会、全国或者地方产业工会组织的建立，必须报上一级工会批准。”第十四条第二款规定：“基层工会组织具备民法通则规定的法人条件的，依法取得社会团体法人资格。”

《中国工会章程》第十一条第一款规定：“中国工会实行产业和地方相结合的组织领导原则。同一企业、事业单位、机关和其他社会组织中的会员，组织在一个工会基层组织中；同一行业或者性质相近的几个行业，根据需要建立全国的或者地方的产业工会组织。除少数行政管理体制实行垂直管理的产业，其产业工会实行产业工会和地方工会双重领导，以产业工会领导为主外，其他产业工会均实行以地方工会领导为主，同时接受上级产业工会领导的体制。各产业工会的领导体制，由中华全国总工会确定。”同时，第二十五条第一款、第二款分别规定：“企业、事业单位、机关和其他社会组织等基层单位，应当依法建立工会组织。社区和行政村可以建立工会组织。从实际出发，建立区域性、行业性工会联合会，推进新经济组织、新社会组织工会组织建设。”“有会员二十五人以上的，应当成立工会基层委员会；不足二十五人的，可以单独建立工会基层委员会，也可以由两个以上单位的会员联合建立工会基层委员会，也可以选举组织员或者工会主席一人，主持基层工会工作。工会基层委员会有女会员十人以上的建立女职工委员会，不足十人的设女职工委员。”

从《工会法》《中国工会章程》的上述规定来看，都涉及基层工会问题，但都没有明确什么是基层工会，我们自然无法给基层工会下定义。仔细研究上述规定，至少可以明确以下问题：

一是基层工会一般是按用人单位来建立的，也可以两个以上用人单位的会员联合建立工会组织；

二是基层工会也可以在用人单位之外建立区域性、行业性基层工会联合会；

三是基层工会的组织形式一般是“工会委员会”，也可以设主席或组织员一人主持工作；

四是行业工会不同于产业工会。

既然基层工会一般是按用人单位来建立的，我们应弄明白用人单位有哪些种类。《工会法》《中国工会章程》明确的用人单位有四类：企业、事业单位、机关、其他社会组织。而《中华人民共和国劳动合同法》（以下简称《劳动合同法》）第二条明确的用人单位有六类：企业、事业单位、国家机关、社会团体、个体经济组织、民办非企业单位等组织。《劳动合同法》是2007年6月29日第十届全国人大常委会第二十八次会议通过的，2012年12月28日第十一届全国人大常委会第三十次会议进行修订。比较而言，《劳动合同法》的规定更加适应建立社会主义市场经济体制的要求，对用人单位的划分也更加严谨科学。《中华人民共和国劳动法》第七条第二款规定：“工会代表和维护劳动者的合法权益，依法独立自主开展活动。”我们知道，工会是劳动关系的产物，是协调劳动关系的三方主体之一，所以，本条例借鉴了《劳动合同法》的表述。

条文解析

本条例是《基层工会会员代表大会条例》，当然应当明确什么是基层工会。因《工会法》《中国工会章程》对此并没有明确规定，我们也无法给基层工会这一概念下定义。但根据《工会法》《中国工会章程》

相关规定的精神，结合《劳动合同法》的规定，本条分两款采用了适用范围的表述方式。下面分别解析具体含义。

第一，本条例适用于企业、事业单位、机关、社会团体和其他社会组织单独或联合建立的基层工会组织。本款是针对用人单位成立基层工会组织而作出的规定。理解本款规定，应把握以下六个问题：

1. 企业。企业一般是指以盈利为目的，运用土地、劳动力、资本、技术等各种生产要素，向市场提供商品或服务，实行自主经营、自负盈亏、自我发展、自我约束的法人或其他社会经济组织。

按所有制性质划分，包括：国有、集体、私营、外商投资、港澳台投资和混合所有制企业等。

按治理形式划分，包括：独资企业、合伙企业、合作制企业、有限责任公司、股份有限公司等。

按是否具备法人资格划分，包括：法人企业和非法人企业，集团公司及其下属子公司、分公司，还有企业下属的具有劳动用工权的分支机构。

注意：有人认为，不具有法人资格的企业下属单位或机构不属于用人单位，这是不符合法律规定的。《劳动合同法实施条例》第四条规定："劳动合同法规定的用人单位设立的分支机构，依法取得营业执照或者登记证书的，可以作为用人单位与劳动者订立劳动合同；未依法取得营业执照或者登记证书的，受用人单位委托可以与劳动者订立劳动合同。"

2. 事业单位。事业单位是指国家为了社会公益目的，由党政机关、社会团体举办或其他组织利用国有资产举办的，从事教育、科技、文化、卫生等活动的社会服务组织。可分为三种情况：一是具有管理公共事务职能的组织，如证券监督管理委员会、银行保险监督管理委员会；二是实行企业化管理的事业单位；三是公办学校、医院、科研机构、文艺团体等。

3. 机关。法律意义上的机关，不同于一般意义上的机关，具体包括：县级以上中国共产党委员会及其所属的各工作部门、县级以上各级人民代表大会机关、县级以上各级人民政府及其所属各工作部门、县级以上各级政治协商会议机关、县级以上各级人民法院和检察院机关、县级以上各民主党派机关，乡镇中国共产党委员会和人民政府以及城市街道办事处。

4. 社会团体。社会团体是指为一定目的由一定人员组成的社会组织。我国的社会团体都带有准官方性质，是中国政治生活的重要组成部分。这里，就社会团体的分类作一简单介绍，根据社团的性质和任务，可分为学术性、行业性、专业性和联合性四大类。

（1）学术性社团，一般以学会、研究会命名，其中又可以分为自然科学类、社会科学类及自然科学与社会科学的交叉科学类。具体到该类社团的设立，可参照国家制定的学科分类标准确定。

（2）行业性社团，一般以协会（包括工业协会、行业协会、商会、同业公会等）命名，这类社团主要是经济性团体，其中可分为农业类、工业类和商业类等。具体到该类社团的设立，可依照国家《国民经济行业分类和代码》中的类别标准确定。

（3）专业性社团，一般以协会、基金会命名，这类社团一般是非经济类的，主要是由专业人员组成或以专业技术、专门资金为从事某项事业而成立的团体。

（4）联合性社团，一般以联合会、联谊会、促进会命名。这类社团主要是人群的联合体或学术性、行业性、专业性团体的联合体。

把“社会团体”单独列明，是本条例的一大亮点。《工会法》《中国工会章程》都没有把“社会团体”单独列出，有人习惯把“社会团体”归入机关，但“社会团体”并不属于机关范畴。也有人把“社会团体”归入其他社会组织，这是不适当的，因“社会团体”在我国具有特殊的政治地位，归入其他社会组织中降低了社会团体的政治地位，既不符合我国法律的规定，也不符合我国的国情。

这是因为，依据国务院《社会团体登记管理条例》（1998 年制定，2016 年修订）第三条的规定及民政部有关规定，这里的社会团体是指不需要登记的 8 个人民团体和经国务院批准可以免于登记的 14 个社会团体。这 8 个人民团体分别是：中华全国总工会、中国共产主义青年团、中华妇女联合会、中国科学技术协会、中华全国归国华侨联合会、中华全国台湾同胞联谊会、中华全国青年联合会、中华全国工商业联合会。14 个社会团体分别是：中国文学艺术界联合会、中国作家协会、中华全国新闻工作者协会、中国人民对外友好协会、中国人民外交协会、中国国际贸易促进会、中国残疾人联合会、宋庆龄基金会、中国法学会、中国红十字总会、中国职工思想政治工作研究会、欧美同学会、黄埔军校同学会、中华职业教育社。

5. 其他社会组织。除前述以外的组织，可分为三种情况：

一是应进行登记的文化艺术体育团体、学术研究团体、各类行业协会、社会服务机构等社会组织。比如，中国机械工业协会、中国纺织工会协会、中国企业联合会、中华全国律师协会、中国行政管理学会、中华医学研究会、北京市劳动和社会保障法学会，等等。

二是雇工在七人以下的个体工商户，即个体经济组织。目前全国大约有 2700 家个体工商户。

三是民办非企业单位，指企业事业单位、社会团体和其他社会力量以及公民利用非国有资产举办的，从事非营利性社会服务活动的组织。如民办学校、民办医院、民办图书馆、民办博物馆、民办科技馆，还有基金会、会计师事务所、律师事务所，等等。

注意：有人时常把民办公益组织等同于事业单位，甚至还称之为

“民办事业单位”，主要理由是，民办公益组织不以营利为目的，与事业单位没什么区别。笔者以为，这种说法欠妥。需要说明的是，事业单位是我国的特有称谓，西方国家是没有的，事业单位是由党政机关、社会团体或其他组织利用国有资产举办的，性质上属于公有制，有的还承担政府职能，除工勤人员外，工作人员纳入事业编制。而民办公益组织是利用非国有资产举办的，性质上属于私有制，除股东、合伙人外，其他从业人员与之建立劳动关系，适用《劳动合同法》。所以，还是应称之为“民办非企业单位”更为合适。

6. 单独或联合建立的基层工会组织。基层工会是按用人单位来建立的，《工会法》《中国工会章程》都规定，会员二十五人以上的，应当单独建立基层工会委员会；不足二十五人的，有三种选择：第一种，可以单独建立基层工会委员会，第二种，由两个以上单位的会员联合建立基层工会委员会，第三种，既不单独建立基层工会委员会，也不两个以上联合建立基层工会委员会，而是选举组织员或者工会主席一人，组织会员开展活动。

注意：本条例写的是基层工会组织，基层工会组织不仅包括基层工会委员会，也包括选举组织员或者工会主席一人。有人认为，选举组织员或者工会主席一人不属于基层工会组织，这样理解不符合《工会法》《中国工会章程》规定的精神。工会委员会是基层工会组织的基本形态，选举组织员或者工会主席一人也属于基层工会组织的一种形态。为帮助读者理解，我们可看一下关于基层党组织类似的规定，《中国共产党支部工作条例（试行）》第六条第二款规定：“党支部的成立，一般由基层单位提出申请，所在乡镇（街道）或者单位基层党委召开会议研究决定并批复，批复时间一般不超过1个月。基层党委审批同意后，基层单位召开党员大会选举产生党支部委员会或者不设委员会的党支部书记、副书记。批复和选举结果由基层党委报上级党委组织部门备案。

根据工作需要，上级党委可以直接作出在基层单位成立党支部的决定。”这一规定明确，不设委员会的党支部书记、副书记，也属于党组织的一种形态。

这里，顺便说明一个问题，时常有人问：多少会员可以建设基层工会组织？

《工会法》《中国工会章程》只是规定，会员二十五人以上的，应当建立基层工会委员会；不足二十五人的，可以单独建立基层工会委员会，也可以由两个以上单位的会员联合建立基层工会委员会，也可以选举组织员或者工会主席一人，组织会员开展活动。并没有规定最少几个会员可以成立基层工会组织。不妨先看一看党内法规的相关规定，《中国共产党章程》第三十条第一款规定：“企业、农村、机关、学校、科研院所、街道社区、社会组织、人民解放军连队和其他基层单位，凡是有正式党员三人以上的，都应当成立党的基层组织。”《中国共产党支部工作条例（试行）》第四条第一款规定：“党支部设置一般以单位、区域为主，以单独组建为主要方式。企业、农村、机关、学校、科研院所、社区、社会组织、人民解放军和武警部队连（中）队以及其他基层单位，凡是有正式党员 3 人以上的，都应当成立党支部。”第五条第三款规定：“正式党员不足 3 人的单位，应当按照地域相邻、行业相近、规模适当、便于管理的原则，成立联合党支部。联合党支部覆盖单位一般不超过 5 个。”虽然《工会法》《中国工会章程》没有规定成立基层工会组织的会员人数下限，但从道理上讲，如果一个或两个会员就可以成立基层工会组织是说不通的。因为，工会是人与人结合起来的组织，既然是一个组织，就不能是一个人或两个人，一个人属于自然人，两个人属于最少的伙伴者，如意见不一致，难以形成多数意见。因此，借鉴党内法规的规定，从法理上讲，成立基层工会组织至少得 3 个会员。

第二，乡镇（街道）、开发区（工业园区）、村（社区）建立的工会委员会，县级以下建立的区域（行业）工会联合会，如召开会员代表大会的，依照本条例执行。本款是针对在用人单位之外成立基层工会组织而作出的规定。理解本款规定，应把握以下三个问题：

1. 乡镇（街道）、开发区（工业园区）、村（社区）建立的工会委员会，县级以下建立的区域（行业）工会联合会。我们首先分析工会的名称问题。当前，乡镇（街道）工会的名称有：总工会、工会工作委员会、工会联合会、工会委员会；开发区（工业园区）工会的名称有：总工会、工会工作委员会、工会联合会；村（社区）工会的名称有：工会委员会、工会联合会、联合工会。《工会法》规定各级工会组织的名称为工会委员会，《中国工会章程》规定，除派出代表机关外，各级工会组织的名称也是工会委员会，但《中国工会章程》没有明确派出代表机关的具体名称叫什么，各地普遍叫“工作委员会”。根据这些规定，乡镇（街道）、开发区（工业园区）、村（社区）工会叫“总工会”的，全称应为“总工会委员会”；叫“工会联合会”的，全称应为“工会联合委员会”；叫“联合工会”的，全称应为“联合工会委员会”。所以，县级以下建立的区域（行业）工会联合会，全称应为“工会联合委员会”。

这里顺便说明一下与乡镇（街道）工会有关的问题，仅供读者思考。当前，一些乡镇（街道）成立了总工会，《中国工会章程》第二十二条第四款也规定：“县和城市的区可在乡镇和街道建立乡镇工会和街道工会组织，具备条件的，建立总工会。”中华全国总工会印发的有关文件也鼓励具备条件的乡镇（街道）成立总工会，履行地方工会和基层工会双重职责。比如，2014 年 7 月 29 日印发的《中华全国总工会关于新形势下加强基层工会建设的意见》指出：“企业 100 家左右，职工 5000 人左右的乡镇（街道）、省级以上开发区（工业园区）可以设立总工会，作为一级地方工会组织，履行地方工会领导职责。”各地对乡镇（街道）设立总工会热情颇高，似有“大干快上”的势头，甚至西部经济欠发达地区也纷纷在乡镇（街道）成立总工会，似乎一成立总工会就可以解决乡镇（街道）工会面临的问题。对此，我们应保持清醒认识，因《工会法》第十条第二款规定：“企业职工较多的乡镇、城市街道，可以建立基层工会的联合会。”把乡镇（街道）工会组织归入了基层工会范畴。笔者认为，《工会法》已经明确了乡镇（街道）工会的性质，《中国工会章程》如与法律规定相冲突，应以法律为准。关键是乡镇（街道）成立总工会只是改变了名称而已，并不能改变乡镇（街道）工会的性质，所谓履行地方工会职责，不仅法理上说不通，实践中也是行不通的。所以，本条例依照《工会法》的规定，把乡镇（街道）工会纳入了基层工会的范畴。

根据《中国工会章程》第十二条、第二十二条的规定，因工作委员会是县级以上地方总工会设立的派出代表机关，一般称为工作委员会，由县级以上地方总工会任命，不涉及召开会员代表大会问题，自然不适用本条例。

2. 如召开会员代表大会的。用人单位成立工会的一般程序是：确定代表人数——划分选区——选举会员代表——召开会员代表大会——选举工会委员会、经费审查委员会及女职工委员会。而乡镇（街道）、开发区（工业园区）、村（社区）建立的工会委员会，县级以下建立的区域（行业）工会联合会，是在用人单位之外成立的工会组织。按照2009年9月29日《中华全国总工会关于加强小企业工会联合会建设的意见》，建立工会联合委员会遵循的是联合制、代表制原则，可以不召开会员代表大会，工会联合委员会的委员可以通过协商或推举产生，这种情况下，就不适用本条例。当然，也可以召开会员代表大会，选举产生工会联合委员会委员，在这种情况下就应适用本条例，“如召开会员代表大会的”指的就是这种情况。

3. 依照本条例执行。这里用的是“依照”，而不是“参照”。意思是，乡镇（街道）、开发区（工业园区）、村（社区）建立的工会委员会，县级以下建立的区域（行业）工会联合会，只要召开会员代表大会，就应严格按照本条例规定的条件、程序和要求来执行，不能选择性执行，也不能变通执行。即严格按照规定确定会员代表名额，划分选区，按差额比例选举会员代表，进行代表资格审查，按规定程序召开会员代表大会，选举工会委员会组成人员、经费审查委员会组成人员及女职工委员会组成人员。

参考规定

1.《工会法》

第十条　企业、事业单位、机关有会员二十五人以上的，应当建立基层工会委员会；不足二十五人的，可以单独建立基层工会委员会，也可以由两个以上单位的会员联合建立基层工会委员会，也可以选举组织员一人，组织会员开展活动。女职工人数较多的，可以建立工会女职工委员会，在同级工会领导下开展工作；女职工人数较少的，可以在工会委员会中设女职工委员。

企业职工较多的乡镇、城市街道，可以建立基层工会的联合会。

县级以上地方建立地方各级总工会。

同一行业或者性质相近的几个行业，可以根据需要建立全国的或者地方的产业工会。

全国建立统一的中华全国总工会。

第十一条　基层工会、地方各级总工会、全国或者地方产业工会组织的建立，必须报上一级工会批准。

上级工会可以派员帮助和指导企业职工组建工会，任何单位和个人不得阻挠。

第十四条　中华全国总工会、地方总工会、产业工会具有社会团体法人资格。

基层工会组织具备民法通则规定的法人条件的，依法取得社会团体法人资格。

2.《劳动合同法实施条例》

第三条　依法成立的会计师事务所、律师事务所等合伙组织和基金会，属于劳动合同法规定的用人单位。

第四条　劳动合同法规定的用人单位设立的分支机构，依法取得营业执照或者登记证书的，可以作为用人单位与劳动者订立劳动合同；未依法取得营业执照或者登记证书的，受用人单位委托可以与劳动者订立劳动合同。

3.《社会团体登记管理条例》

第二条　本条例所称社会团体，是指中国公民自愿组成，为实现会员共同意愿，按照其章程开展活动的非营利性社会组织。

国家机关以外的组织可以作为单位会员加入社会团体。

第三条　成立社会团体，应当经其业务主管单位审查同意，并依照本条例的规定进行登记。

社会团体应当具备法人条件。

下列团体不属于本条例规定登记的范围：

（一）参加中国人民政治协商会议的人民团体；

（二）由国务院机构编制管理机关核定，并经国务院批准免于登记的团体；

（三）机关、团体、企业事业单位内部经本单位批准成立、在本单位内部活动的团体。

第四条　社会团体必须遵守宪法、法律、法规和国家政策，不得反对宪法确定的基本原则，不得危害国家的统一、安全和民族的团结，不得损害国家利益、社会公共利益以及其他组织和公民的合法权益，不得违背社会道德风尚。

社会团体不得从事营利性经营活动。

4.《民政部关于对部分团体免予社团登记有关问题的通知》

为了认真贯彻《社会团体登记管理条例》（以下简称《条例》），经党中央、国务院领导同志同意，现就部分社团不登记和可以免予登记的有关问题通知如下：

一、参加中国人民政治协商会议的人民团体不进行社团登记。参加中国人民政治协商会议的人民团体有：中华全国总工会、中国共产主义青年团、中华全国妇女联合会、中国科学技术协会、中华全国归国华侨联合会、中华全国台湾同胞联谊会、中华全国青年联合会、中华全国工商业联合会。

二、经国务院批准可以免予登记的社会团体有：中国文学艺术界联合会、中国作家协会、中华全国新闻工作者协会、中国人民对外友好协会、中国人民外交学会、中国国际贸易促进会、中国残疾人联合会、宋庆龄基金会、中国法学会、中国红十字总会、中国职工思想政治工作研究会、欧美同学会、黄埔军校同学会、中华职业教育社。

三、上述可以免予登记的团体，如果愿意按《条例》规定到社会团体登记管理机关进行登记和参加年检的，可按照《条例》和有关规定办理登记手续。如果不愿到社会团体登记管理机关进行登记，社会团体登记管理机关在这次社团清理整顿中不再更换新的社会团体法人证书。已经领取社会团体法人证书和已刻制的印章等应退回社会团体登记管理机关。

四、除了国务院批准可以免予登记的社团之外，其他全国性社团和省级及其以下地方性社团都应该按照《条例》的规定履行登记手续。

5.《中国工会章程》

第九条　中国工会实行民主集中制，主要内容是：

（一）个人服从组织，少数服从多数，下级组织服从上级组织。

（二）工会的各级领导机关，除它们派出的代表机关外，都由民主选举产生。

（三）工会的最高领导机关，是工会的全国代表大会和它所产生的中华全国总工会执行委员会。工会的地方各级领导机关，是工会的地方各级代表大会和它所产生的总工会委员会。

（四）工会各级委员会，向同级会员大会或者会员代表大会负责并报告工作，接受会员监督。会员大会和会员代表大会有权撤换或者罢免其所选举的代表和工会委员会组成人员。

（五）工会各级委员会，实行集体领导和分工负责相结合的制度。凡属重大问题由委员会民主讨论，作出决定，委员会成员根据集体的决定和分工，履行自己的职责。

（六）工会各级领导机关，加强对下级组织的领导和服务，经常向下级组织通报情况，听取下级组织和会员的意见，研究和解决他们提出的问题。下级组织应及时向上级组织请示报告工作。

第十一条第一款　中国工会实行产业和地方相结合的组织领导原则。同一企业、事业单位、机关和其他社会组织中的会员，组织在一个工会基层组织中；同一行业或者性质相近的几个行业，根据需要建立全国的或者地方的产业工会组织。除少数行政管理体制实行垂直管理的产业，其产业工会实行产业工会和地方工会双重领导，以产业工会领导为主外，其他产业工会均实行以地方工会领导为主，同时接受上级产业工会领导的体制。各产业工会的领导体制，由中华全国总工会确定。

第十二条第一款　县和县以上各级地方总工会委员会，根据工作需要可以派出代表机关。

第十二条第三款　全国产业工会、各级地方产业工会、乡镇工会和城市街道工会的委员会，可以按照联合制、代表制原则，由下一级工会组织民主选举的主要负责人和适当比例的有关方面代表组成。

6.《关于加强小企业工会联合会建设的意见》

（四）小企业工会联合会（以下简称联合会），是由两个以上企业工会委员会（含联合基层工会），按照地域相近、行业相同的原则，在县以下联合建立的区域性或行业性工会组织。

（五）小企业工会联合会，应当遵循联合制、代表制的原则建立。

（六）联合会委员数额可以根据工作实际需要确定，由联合会的专职工作人员和所属小企业工会主席担任，所属小企业工会数量较多的，可以由所属小企业工会主席民主推举代表担任。联合会可根据工作需要，吸收工商、税务等相关方面的代表参加。

建立联合会的同时，建立联合会女职工委员会。

（七）联合会主席、副主席可以由全体委员选举产生，也可以由联合会下属各小企业工会联合组成会员（代表）大会选举产生。

第三条　［会员代表大会条件］

会员不足100人的基层工会组织，应召开会员大会；会员100人以上的基层工会组织，应召开会员大会或会员代表大会。

条文主旨

本条是关于设定召开会员大会或会员代表大会会员人数的规定。

主要背景

工会是职工自愿结合的工人阶级的群众组织，工会组织的群众性，决定了工会组织必须坚持民主化。在中国工会第九次全国代表大会上，邓小平同志曾精辟地指出："工会要为工人的民主权利奋斗，反对形形色色的官僚主义，它本身就必须是民主的模范。"民主，是工会组织的活力之源、力量之源，必须尊重会员群众的主体地位，依靠会员群众开展工会工作。那么，怎样实现工会的民主呢？有人认为，工会是职工群众的组织，工会的所有事务都应让全体会员参与，由全体会员决定；而有人认为，推进工会民主化建设，应从实际出发，充分考虑劳动关系现状、职工民主意识、社会政治生态等综合因素，坚持直接民主和间接民主相结合，采取适当的方式稳步推进。工会是劳动关系的产物，制定会员代表大会条例应立足我国劳动关系的实际，关注职工群众的呼声，顺应时代的要求，合理设计会员代表大会制度。

随着我国社会主义市场经济体制的深入发展和不断完善，公有制经济、非公有制经济和混合所有制经济共同发展，劳动关系发生了深刻变化，呈现出市场化、多元化、复杂化等特征。《中共中央 国务院关于构建和谐劳动关系的意见》指出：“我国正处于经济社会转型时期，劳动关系的主体及其利益诉求越来越多元化，劳动关系矛盾已进入凸显期和多发期。”当前，我国劳动关系呈现以下突出特点：

一是劳动用工主体多元化。除传统的国有、集体经济外，个体、私营、外商投资及港澳台资企业等非公有制经济迅猛发展，成为社会主义市场经济的重要组成部分。国有资本、集体资本和非公有制资本等参股的混合所有制经济大量产生。民办学校、民办医院、基金会、律师事务所、会计师事务所、中介服务机构等民办非企业单位，如雨后春笋般蓬勃发展。在“大众创业万众创新”政策激励下，新的劳动用工主体大量涌现，据工商部门公布，全国平均每天注册企业超过 1 万户。据统计，目前全国共有各类市场主体超过 1 亿户，其中非公有制企业超过 2730 万户，职工人数达 3.9 亿，第二、三产业从业人员已达 5.67 亿，每年新增就业 1000 万以上。

二是劳动关系市场化复杂化。在超过 1 亿户市场主体中，大多数为小微企业，从业人员已占总数的 3/4 以上，小微企业工会约占全国基层工会总数的80%以上。从业人员流动性大，管理不规范，劳资矛盾多发，而且相当一部分小微企业生存周期短，工会组建难、消失快。迅猛发展的互联网平台公司、创客空间等吸收了大量从业人员，“平台就业”“外包就业”“挂靠就业”等灵活就业方式愈加普遍，从业人员身份多元、结构复杂，劳动用工呈现许多新特点，给我国现行劳动法律适用带来新的挑战。

三是职工队伍结构发生新变化。进城务工人员、个体工商户、自由职业者、非公有制企业和新兴产业新兴业态的劳动者源源不断加入工人阶级队伍中来，职工队伍迅速壮大。农民工2.86亿，多数成为我国工人阶级的重要组成部分。当前，我国产业工人近2亿，第二产业、第三产业六个行业中农民工占六成左右，农民工已成为我国产业工人的主体。职工内部不同利益群体的劳动经济权益、民主政治权利、精神文化权利和社会公共权益实现程度差异较大。职工思维方式更加活跃、精神需求更加渴望、价值取向更加务实，思想的独立性、选择性、多变性和差异性不断增强。特别是新生代职工，民主意识、权益意识、参与意识、公平意识、法治意识更加强烈，对美好生活更加向往，对社会期望值也更加高涨。

条文解析

基于上述背景分析，经充分调研论证，综合梳理有关规定，本条设定了召开会员大会、会员代表大会的条件。理解本条规定，应把握以下两层含义。

第一，会员不足100人的基层工会组织，应召开会员大会。本条以100人划出一道线，会员不足100人的基层工会组织，应召开会员大会，而不能召开会员代表大会。主要考虑是：不足100人的小微企业工会大约占全国基层工会总数的80%，从业人员大约占3/4以上，这样规定顺应了广大会员不断增强的民主意识，有利于更多的会员直接行使民主权利，也便于基层工会操作。原《暂行规定》第二条第三款规定："会员在200人以下的基层工会，一般应召开会员大会。如因特殊情况需要召开会员代表大会时，须经上级工会批准，代表人数比例不得少于会员的30%。"这一规定的初衷是扩大会员的直接民主，但实践中遇到三个问题：一是会员100—200人的一些基层工会，有的因办公地点比较分散，会员难以集中，召开会员大会存在一些困难；二是只是规定了"特殊情况"，但并没有明确哪些情形属于"特殊情况"，实践中难以把握；三是召开会员代表大会须经上级工会批准，有的基层工会嫌麻烦，同时还面临有的上级工会要么置之不理，要么随意应付等现实困境。同时，这与有关规定还存在冲突问题，《中国工会章程》第二十六条第一款中规定，"工会会员在一百人以下的基层工会应当召开会员大会"。《企业工会工作条例》第八条第三款规定："会员在一百人以下的企业工会应召开会员大会。"《机关工会工作暂行条例》第十三条第一款中规定，"会员在一百人以下的应当召开会员大会"。这些规定都以"一百人以下"划出一道线，实践中为各基层工会所普遍接受。

注意：按照法律的通常理解，"100人以下"包含了"100人"，"100人以上"也包含了"100人"，这样表述存在重复问题，不够严谨。因此，本条表述为"会员不足100人的基层工会组织，应召开会员大会；会员100人以上的基层工会组织，应召开会员大会或会员代表大会"。不足100人的，不包括100人；100人以上的，包括100人。

第二，会员100人以上的基层工会组织，应召开会员大会或会员代表大会。会员100人以上的基层工会，应召开会员大会或会员代表大会。即会员100人以上的基层工会，有两种选择：一是召开会员大会；二是召开会员代表大会。之所以这样规定，主要考虑的是：基层工会的情况千差万别，应从实际出发，会员超过100人的基层工会，愿意召开会员大会的，可以召开会员大会，以满足更多会员直接行使民主权利、参与工会事务的愿望；如召开会员大会确有困难的，可以召开会员代表大会。这样规定，把自主权交给了基层工会，由基层工会结合自身实际作出适当选择。

注意：这里用的是“应”，而不是“可以”，旨在强调，要么召开会员大会，要么召开会员代表大会，而不能采取其他方式来代替会员大会或会员代表大会。

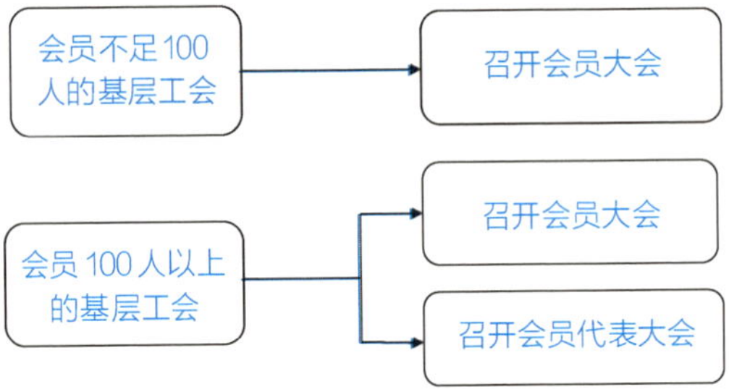

参考规定

1. 《民法总则》

第二百零五条　民法所称的“以上”“以下”“以内”“届满”，包括本数；所称的“不满”“超过”“以外”，不包括本数。

2. 《中国工会章程》

第二十六条第一款　工会基层组织的会员大会或者会员代表大会，每年至少召开一次。经基层工会委员会或者三分之一以上的工会会员提议，可以临时召开会员大会或者会员代表大会。工会会员在一百人以下的基层工会应当召开会员大会。

3. 《工会基层组织选举工作条例》

第十六条　会员不足100人的基层工会组织，应召开会员大会进行选举；会员100人以上的基层工会组织，应召开会员大会或会员代表大会进行选举。

召开会员代表大会进行选举的，按照有关规定由会员民主选举产生会员代表。

4.《企业工会工作条例》

第八条第三款　会员在一百人以下的企业工会应召开会员大会。

5.《机关工会工作暂行条例》

第十三条第一款　机关工会每年至少召开一次会员大会或者会员代表大会。经机关工会委员会或者三分之一以上会员提议，可以临时召开会议。会员在一百人以下的应当召开会员大会。

第四条　[会员代表大会性质]

会员代表大会是基层工会的最高领导机构，讨论决定基层工会重大事项，选举基层工会领导机构，并对其进行监督。

条文主旨

本条是关于会员代表大会性质的规定。

主要背景

凡是社会组织，都应当确立组织原则、设立组织机构、明确内部分工、制定工作制度等，确保组织有效运转，实现组织意图。比如，《中国共产党章程》第十条第（三）项规定："党的最高领导机关，是党的全国代表大会和它所产生的中央委员会。党的地方各级领导机关，是党的地方各级代表大会和它们所产生的委员会。党的各级委员会向同级的代表大会负责并报告工作。"《中国共产党支部工作条例（试行）》第十一条规定："党支部党员大会是党支部的议事决策机构，由全体党员参加，一般每季度召开1次。党支部党员大会的职权是：听取和审查党支部委员会的工作报告；按照规定开展党支部选举工作，推荐出席上级党代表大会的代表候选人，选举出席上级党代表大会的代表；讨论和表决接收预备党员和预备党员转正、延长预备期或者取消预备党员资格；讨论决定对党员的表彰表扬、组织处置和纪律处分；决定其他重要事项。”再比如，《中华人民共和国公司法》第三十六条规定：“有限责任公司股东会由全体股东组成。股东会是公司的权力机构，依照本法行使职权。”第九十八条规定：“股份有限公司股东大会由全体股东组成。股东大会是公司的权力机构，依照本法行使职权。”

除选举组织员或者工会主席一人的情况外，一个完备的基层工会内部组织机构包括：会员代表大会、基层工会委员会、经费审查委员会、女职工委员会。这些组织机构的性质是怎样的、怎样分工、它们之间是什么关系等问题，从制度设计上应当予以明确，否则容易造成组织内部的混乱。《工会法》《中国工会章程》关于基层工会的组织机构已有原则性规定，根据已有规定的精神，本条例进一步作出了明确。

条文解析

本条明确了会员代表大会在基层工会的组织机构中处在什么位置，属于什么性质的机构，主要有哪些方面的权限，与工会内部其他组织机构是什么关系等。理解本条规定，要把握以下两个关键点。

第一，会员代表大会是基层工会的最高领导机构。前面已经说过，除选举组织员或者工会主席一人的情况外，一个完备的基层工会内部组织机构包括：会员代表大会、基层工会委员会、经费审查委员会、女职工委员会。在这些机构中，会员代表大会处在什么位置呢？《工会法》第九条第二款、第三款、第四款、第五款分别规定：“各级工会委员会由会员大会或者会员代表大会民主选举产生。企业主要负责人的近亲属不得作为本企业基层工会委员会成员的人选。”“各级工会委员会向同级会员大会或者会员代表大会负责并报告工作，接受其监督。”“工会会员大会或者会员代表大会有权撤换或者罢免其所选举的代表或者工会委员会组成人员。”“上级工会组织领导下级工会组织。”《中国工会章程》第九条第（二）（三）（四）项分别规定：“工会的各级领导机关，除它们派出的代表机关外，都由民主选举产生。”“工会的最高领导机关，是工会的全国代表大会和它所产生的中华全国总工会执行委员会。工会的地方各级领导机关，是工会的地方各级代表大会和它所产生的总工会委员会。”“工会各级委员会，向同级会员大会或者会员代表大会负责并报告工作，接受会员监督。会员大会和会员代表大会有权撤换或者罢免其所选举的代表和工会委员会组成人员。”《企业工会工作条例》第八条第一款规定：“会员大会或会员代表大会是企业工会的权力机关，每年召开一至两次会议。经企业工会委员会或三分之一以上会员提议可临时召开会议。”

依据上述规定的精神，本条明确会员代表大会是基层工会的最高领导机构，旨在强调，会员代表大会是基层工会的一个“领导机构”，而且是处于“最高”位置，而基层工会委员会、经费审查委员会、女职工委员会都在会员代表大会的领导之下开展工作。这里，还要说明两个关键词：

一是本条例写的是“机构”，而没有依照《中国工会章程》的规定写成“机关”。主要考虑“机关”具有特定含义（这在前面第二条中已作过解释），基层工会本身是群众组织，会员代表大会是基层工会自身组织建设的一个组成部分，用“机关”来定位似有不妥，而用“机构”更为准确。

二是本条例写的是“领导机构”，而没有依照《企业工会工作条例》写成“权力机构”，也没有写成“权利机构”。主要考虑的是，现代汉语词典对“权力”的解释是：（1）政治上的强制力量，如国家权力，全国人民代表大会是最高国家权力机关；（2）职责范围内的支配力量，如行使大会主席的权力。对“权利”的解释是：公民或法人依法行使的权利和享受的利益（跟“义务”相对）。《工会法》第三章的题目是“工会的权利和义务”，《中国工会章程》第三条规定的是会员享有的“权利”。笔者认为，工会是群众性组织，用“权力”似乎不妥，用“权利”更为合适，但《工会法》《中国工会章程》对会员代表大会又未作出这样的表述，《中国工会章程》对会员代表大会定性为“领导机关”。基于上述分析，为避免歧义，本条例既没有写“权力机构”，也没有写“权利机构”，而是表述为“领导机构”，既借鉴了《中国工会章程》的表述，但又没有完全依照《中国工会章程》的表述。

第二，讨论决定基层工会重大事项，选举基层工会领导机构，并对其进行监督。这一规定原则性地把领导职能概括为三大方面：讨论决定基层工会的重大事项，选举基层工会领导机构，对选举产生的领导机构进行监督。至于哪些是重大事项、怎样选举领导机构、对领导机构怎样监督，未作具体规定。这是因为，本条属于本条例的总则内容，总则发挥的是统领作用，其条文主要规定本条例涉及的最基本最重要的问题，用以指引后面的具体条款，具体问题应放在后面的具体条款中予以规定。

参考规定

1.《工会法》

第九条　工会各级组织按照民主集中制原则建立。

各级工会委员会由会员大会或者会员代表大会民主选举产生。企业主要负责人的近亲属不得作为本企业基层工会委员会成员的人选。

各级工会委员会向同级会员大会或者会员代表大会负责并报告工作，接受其监督。

工会会员大会或者会员代表大会有权撤换或者罢免其所选举的代表

或者工会委员会组成人员。

上级工会组织领导下级工会组织。

2.《中国工会章程》

第九条　中国工会实行民主集中制，主要内容是：

（一）个人服从组织，少数服从多数，下级组织服从上级组织。

（二）工会的各级领导机关，除它们派出的代表机关外，都由民主选举产生。

（三）工会的最高领导机关，是工会的全国代表大会和它所产生的中华全国总工会执行委员会。工会的地方各级领导机关，是工会的地方各级代表大会和它所产生的总工会委员会。

（四）工会各级委员会，向同级会员大会或者会员代表大会负责并报告工作，接受会员监督。会员大会和会员代表大会有权撤换或者罢免其所选举的代表和工会委员会组成人员。

（五）工会各级委员会，实行集体领导和分工负责相结合的制度。凡属重大问题由委员会民主讨论，作出决定，委员会成员根据集体的决定和分工，履行自己的职责。

（六）工会各级领导机关，加强对下级组织的领导和服务，经常向下级组织通报情况，听取下级组织和会员的意见，研究和解决他们提出的问题。下级组织应及时向上级组织请示报告工作。

3.《企业工会工作条例》

第八条　会员大会或会员代表大会是企业工会的权力机关，每年召开一至两次会议。经企业工会委员会或三分之一以上会员提议可临时召开会议。

会员代表大会的代表由会员民主选举产生，会员代表实行常任制，任期与企业本届工会委员会相同，可连选连任。

会员在一百人以下的企业工会应召开会员大会。

4.《中国共产党章程》

第十条第（二）项　党的各级领导机关，除它们派出的代表机关和在非党组织中的党组外，都由选举产生。

第十条第（三）项　党的最高领导机关，是党的全国代表大会和它所产生的中央委员会。党的地方各级领导机关，是党的地方各级代表大会和它们所产生的委员会。党的各级委员会向同级的代表大会负责并报告工作。

5.《中国共产党支部工作条例（试行）》

第十一条　党支部党员大会是党支部的议事决策机构，由全体党员参加，一般每季度召开1次。

党支部党员大会的职权是：听取和审查党支部委员会的工作报告；按照规定开展党支部选举工作，推荐出席上级党代表大会的代表候选人，选举出席上级党代表大会的代表；讨论和表决接收预备党员和预备党员转正、延长预备期或者取消预备党员资格；讨论决定对党员的表彰表扬、组织处置和纪律处分；决定其他重要事项。

第五条　［会员代表大会任期］

会员代表大会实行届期制，每届任期三年或五年，具体任期由会员代表大会决定。会员代表大会任期届满，应按期换届。遇有特殊情况，经上一级工会批准，可以提前或延期换届，延期时间一般不超过半年。

会员代表大会每年至少召开一次，经基层工会委员会、三分之一以上的会员或三分之一以上的会员代表提议，可以临时召开会员代表大会。

条文主旨

本条是关于基层工会会员代表大会实行任期制和每年召开会议次数的规定。

主要背景

会员大会由会员直接行使民主权利，会员代表大会是由会员选举会员代表，由会员代表来代表会员行使民主权利。会员代表大会制度相当于一种代议制，凡代议制都存在一个任期问题。比如，《中华人民共和国宪法》规定，全国人民代表大会和地方各级人民代表大会每届任期为五年，人民代表大会的代表实行的是常任制，一般每年举行一次会议。《中国共产党章程》第十一条第三款规定："党的各级代表大会代表实行任期制。"第十九条、第二十五条分别规定，党的全国代表大会每五年举行一次，党的省、自治区、直辖市的代表大会，设区的市和自治州的代表大会，县（旗）、自治县、不设区的市和市辖区的代表大会，每五年举行一次。第三十一条规定："党的基层委员会、总支部委员会、支部委员会每届任期三年至五年。基层委员会、总支部委员会、支部委员会的书记、副书记选举产生后，应报上级党组织批准。"从这些规定可知，党的代表大会的代表实行非常任制。

工会组织的任期是有规定的。《工会法》第十五条规定："基层工会委员会每届任期三年或者五年。各级地方总工会委员会和产业工会委员会每届任期五年。"《中国工会章程》第十七条规定："中国工会全国代表大会，每五年举行一次，由中华全国总工会执行委员会召集。在特殊情况下，由中华全国总工会执行委员会主席团提议，经执行委员会全体会议通过，可以提前或者延期举行。代表名额和代表选举办法由中华全国总工会决定。"第二十二条规定："省、自治区、直辖市，设区的市和自治州，县（旗）、自治县、不设区的市的工会代表大会，由同级总工会委员会召集，每五年举行一次。"第二十六条第二款、第三款分别规定："工会基层委员会和经费审查委员会每届任期三年至五年，具体任期由会员大会或者会员代表大会决定。任期届满，应当如期召开会议，进行换届选举。在特殊情况下，经上一级工会批准，可以提前或者延期举行。""会员代表大会的代表实行常任制，任期与本单位工会委员会相同。"

注意：工会组织建设制度上的一个不同点，中国工会全国代表大会代表、地方工会代表大会代表实行非常任制；而基层工会会员代表大会代表实行常任制。经常有人拿基层工会会员代表大会与中国工会全国代表大会进行对比，关键是没弄清这一不同点。

还有一个问题："届""次"不分。原《暂行规定》第三十四条规定："基层工会会员代表大会的届期按《中国工会章程》和有关规定确定，届期内的会议按次计算。"而现实是，基层工会大量存在每次换届会议以"次"来计，看起来是无关紧要的"小事"，关键在于没有认识到基层工会会员代表实行的是常任制。

尽管《工会法》《中国工会章程》规定了工会组织的任期制，但落实情况不够理想。特别是基层工会普遍缺乏任期意识，不按期换届的问题大量存在。有的任期届满不按时换届，一些基层工会任期超过 10 年也不换届，其合法性受到质疑，会员群众反映强烈，引发了不少纠纷。甚至个别基层工会主席退休后，把工会法人证书和印章带回家中，拒不交出，严重损害了工会的形象。有的不知道基层工会会员代表大会的代表实行的是常任制，想当然地把基层工会会员代表大会与党的代表大会等同起来，每年不召开会员代表大会、不报告年度工作、不接受会员代表评议监督，严重影响了基层工会的活力。

条文解析

任期制是工会组织建设的一项基本制度，对加强基层工会规范化建设，增强基层工会活力，发挥基层工会作用具有重要的意义。所以，本条开宗明义，会员代表大会实行届期制，并对届期的时间、特殊情况处理、每年大会次数、临时召开代表大会等问题作出明确规定。理解本条规定，应把握以下三层含义：

第一，会员代表大会实行届期制，每届任期三年或五年，具体任期由会员代表大会决定。这一规定的指向性很明确，只要召开会员代表大会，就应当实行届期制，每届任期三年或五年。因召开会员大会不涉及选举会员代表，也就不存在会员代表大会的届期问题，但选举产生的工会委员会、经费审查委员会及女职工委员会涉及届期问题。同时，这一规定的针对性也很强，主要针对当前普遍存在的缺乏届期意识，为此特别规定“会员代表大会任期届满，应按期换届”。

1. 关于基层工会会员代表大会的任期问题。《工会法》没有规定会员代表大会的任期问题，只是规定了基层工会委员会的任期。《工会法》第十五条规定：“基层工会委员会每届任期三年或者五年。各级地方总工会委员会和产业工会委员会每届任期五年。”《中国工会章程》第二十六条第三款、第四款分别规定：“工会基层委员会和经费审查委员会每届任期三年至五年，具体任期由会员大会或者会员代表大会决定。任期届满，应当如期召开会议，进行换届选举。在特殊情况下，经上一级工会批准，可以提前或者延期举行。”“会员代表大会的代表实行常任制，任期与本单位工会委员会相同。”《中国工会章程》第二十六条第四款规定的重要意义在于：一是明确会员代表大会的代表实行常任制，会员代表实行常任制，会员代表大会自然也实行常任制；二是会员代表的任期与基层工会委员任期相同，打通了会员代表、会员代表大会、基层工会委员会关于任期问题之间的联系，从而与《工会法》关于任期的规定基本上衔接起来。之所以用“基本上”，是因为，《工会法》写的是“三年或者五年”，而《中国工会章程》写的是“三年至五年”，二者表述不一致。为此，很多人感到困惑，经常问起。这里有必要作深入分析。

（1）从法理上看，《工会法》是国家基本法律，而《中国工会章程》是工会的内部规范性文件，当两者的规定发生冲突时，应以法律规定为准。这是树立法治意识、弘扬法治精神的必然要求。

（2）从含义上看，《工会法》规定的“三年或者五年”，表述的是两个时间点，即满3年或者满5年。而《中国工会章程》规定的“三年至五年”，许多人认为不就是多了一个“4年”吗？其实不然。仅就字面理解，“三年至五年”表述的是一个时间段，即基层工会任期从3年开始，3年零1天，3年零2天……一直到满5年这之间的任何一天都是可以的。一年按365天计，3年至5年包含了731种可能，而不仅仅是多了一个“4年”。因此，比较而言，《工会法》规定的“三年或者五年”表述更加严谨科学，不会引起歧义。

（3）从操作上看，《工会基层组织选举工作条例》第二十九条第二款规定：“基层工会委员会的任期自选举之日起计算。”本条例规定会员代表大会实行届期制，每届任期三年或五年。这样，会员、会员代表、基层工会委员会都可以预知基层工会换届选举的确切时间。而规定任期三年至五年，假如有的基层工会设定三年九个月，虽然看起来随意，但符合规定，这不仅不够严肃，也容易给基层工会确定换届时间带来不必要的麻烦。

基于以上分析，本条例与《工会法》《工会基层组织选举工作条例》的表述保持了一致。

顺便说明一个情况，《中国共产党章程》第三十一条规定：“党的基层委员会、总支部委员会、支部委员会每届任期三年至五年。”这里的任期规定同样存在不够严谨的问题。为此，2018年7月12日，中共中央办公厅印发的《关于党的基层组织任期的意见》中规定：“党的基层委员会每届任期一般为 5 年，党的总支部委员会、支部委员会每届任期一般为 3 年，其中，村和社区党的委员会、总支部委员会、支部委员会每届任期为 5 年。”

2. 具体任期由会员大会或会员代表大会决定。这里的“具体任期”是指三年或五年，“决定”指从三年或五年中选择一个任期，即要么三年，要么五年，由会员代表大会进行表决，而不能在三年或五年之外另选一个任期。

第二，会员代表大会任期届满，应按期换届。遇有特殊情况，经上一级工会批准，可以提前或延期换届，延期时间一般不超过半年。这一规定旨在强调任期届满，应按期换届，这是基本原则。同时，也照顾到基层工会实际，对特殊情况作出补充性规定。《中国工会章程》第二十六条规定，“在特殊情况下，经上一级工会批准，可以提前或者延期举行”。至于什么是特殊情况、提前或延期多长时间并没有明确。《企业工会主席产生办法（试行）》第十八条规定：“企业工会主席出现空缺，应在三个月内进行补选。补选前应征得同级党组织和上一级工会的同意，暂由一名副主席或委员主持工作，一般期限不得超过三个月。”《工会基层组织选举工作条例》第三十条规定，“遇有特殊情况，经上一级工会批准，可以提前或延期换届，延期时间一般不超过半年”。本规定与《工会基层组织选举工作条例》的表述保持了一致，明确延期一般不超过半年。但未明确什么情况属于“特殊情况”，也未明确可以提前多长时间。下面予以分析。

1. 关于延期换届的特殊情况。现实是复杂的，延期换届的特殊情况比较多，一一列举确有困难，只能由上一级工会根据实际来把握。从现实情况看，比如，基层工会的多数委员被安排外出，到换届时间时，多数委员难以集中；遇到突发性事件或自然灾害，换届工作应当让路；任期届满时，正赶上需要集中一段时间全力以赴完成某项紧迫任务；会员或会员代表外出较多，如期召开会员大会或会员代表大会达不到规定人数；发现基层工会组织有严重问题需要调查处理的；用人单位进行改革，人员调整未到位；等等。

2. 关于提前换届的特殊情况。提前换届的情况比较少见，可能的情况是，比如，用人单位分立或两个以上单位合并，需要成立新的基层工会；基层工会委员会任期未满，但委员发生缺额较多，致使基层工会无法正常履行职责；基层工会委员会严重不作为或懒作为、乱作为，会员满意率较低，要求提前换届的；选举工作不规范，本届工会委员会得不到多数会员或会员代表信任，要求提前换届的；等等。

本条例对提前多长时间未作规定，主要考虑的是，提前换届大多由于本届工会委员会自身原因，无论规定多长时间都是不合适的。

3. 关于提前或延期换届需要履行的程序。基层工会委员会如需提前或延期换届选举，应由基层工会委员会集体讨论决定，并按规定向同级党组织和上一级工会报告。上一级工会正式批复后，基层工会委员会将提前或延期换届的决定，通知所有会员或会员代表，启动换届程序。

4. 关于延期换届的时限。本条例规定了延期换届时间一般不超过半年。半年时间足够基层工会筹备换届，当然也可以两个月或三个月，两个月或三个月自然也在半年之内。写上“一般”，也为特殊情况可能需要更长时间留下了空间。这样规定，既明确基层工会应及时换届，防止延期时间过长，也照顾到了基层工会的实际情况，从制度设计上为个别特殊情况留出了合理空间。从政策导向上看，有利于促进基层工会任期的规范化。

第三，会员代表大会每年至少召开一次，经基层工会委员会、三分之一以上的会员或三分之一以上的会员代表提议，可以临时召开会员代表大会。这一规定明确了基层工会会员代表大会召开的次数。同时，还明确了什么情况下可以临时召开会员代表大会。

1. 会员代表大会每年至少召开一次。基层工会会员代表大会实行的是常任制，每年至少召开一次会员代表大会，“一次”是底数，也可以召开多次。工会多个规范性文件对此都作出规定，但很多基层工会并没有落实。《中国工会章程》第二十六条第一款规定：“工会基层组织的会员大会或者会员代表大会，每年至少召开一次。经基层工会委员会或者三分之一以上的工会会员提议，可以临时召开会员大会或者会员代表大会。工会会员在一百人以下的基层工会应当召开会员大会。”《企业工会工作条例》第八条第一款规定：“会员大会或会员代表大会是企业工会的权力机关，每年召开一至两次会议。经企业工会委员会或三分之一以上会员提议可临时召开会议。”《机关工会工作暂行条例》第十三条规定：“机关工会每年至少召开一次会员大会或者会员代表大会。经机关工会委员会或者三分之一以上会员提议，可以临时召开会议。会员在一百人以下的应当召开会员大会。”每年至少召开一次会员代表大会，是增强基层工会政治性、先进性、群众性的内在要求，也是推进基层工会民主化、规范化、法治化的重要举措，应当得到落实。

2. 经基层工会委员会、三分之一以上的会员或三分之一以上的会员代表提议，可以临时召开会员代表大会。正常情况下，每年至少召开一次会员代表大会。如果基层工会遇到需要马上处理或讨论的事项，可以临时召开会员代表大会。比如，罢免、补选基层工会组成人员，选举上一级工会代表大会代表等。那么谁有权提出临时召开会员代表大会呢？本规定明确了三个主体：基层工会委员会、三分之一以上的会员、三分之一以上的会员代表。

注意：与《中国工会章程》对比，增加了“三分之一以上的会员代表”，基于两点理由：

一是会员选举会员代表，把民主权利委托给会员代表，由会员代表组成会员代表大会，来行使会员的权利，会员代表大会是基层工会的最高权利机构，“三分之一以上的会员”可以提议召开会员代表大会，作为会员代表大会的组成人员，“三分之一以上的会员代表”也可以提议召开会员代表大会，否则，从道理上讲不通。

二是临时召开会员代表大会往往是情况比较紧迫，需要马上处理或讨论的事项，对会员人数较多的基层工会，联合三分之一以上会员代表提议，比联合三分之一以上会员提议要相对便于操作，有利于及时启动召开会员代表大会，提高会员代表大会的决策效率。况且，三分之一以上会员代表提议并不排斥三分之一以上会员提议，这样，基层工会还可以多一个选择。

参考规定

1.《中华人民共和国宪法》

第六十条　全国人民代表大会每届任期五年。

全国人民代表大会任期届满的两个月以前，全国人民代表大会常务委员会必须完成下届全国人民代表大会代表的选举。如果遇到不能进行选举的非常情况，由全国人民代表大会常务委员会以全体组成人员的三分之二以上的多数通过，可以推迟选举，延长本届全国人民代表大会的任期。在非常情况结束后一年内，必须完成下届全国人民代表大会代表的选举。

第六十一条　全国人民代表大会会议每年举行一次，由全国人民代表大会常务委员会召集。如果全国人民代表大会常务委员会认为必要，或者有五分之一以上的全国人民代表大会代表提议，可以临时召集全国人民代表大会会议。

全国人民代表大会举行会议的时候，选举主席团主持会议。

第九十八条　地方各级人民代表大会每届任期五年。

2.《中国共产党章程》

第三十一条　党的基层委员会、总支部委员会、支部委员会每届任期三年至五年。基层委员会、总支部委员会、支部委员会的书记、副书记选举产生后，应报上级党组织批准。

3.《中国共产党基层组织选举工作暂行条例》

第三条　党的基层组织设立的委员会任期届满应按期进行换届选举。如需延期或提前进行换届选举，应报上级党组织批准。延长期限一般不超过一年。

4. 中共中央办公厅印发《关于党的基层组织任期的意见》

党的十九大党章修正案规定："党的基层委员会、总支部委员会、支部委员会每届任期三年至五年。"为贯彻落实党章规定，严肃党内政治生活，严格党的组织制度，完善党的基层组织任期，现提出如下意见。

一、党的基层委员会每届任期一般为5年，党的总支部委员会、支部委员会每届任期一般为3年，其中，村和社区党的委员会、总支部委员会、支部委员会每届任期为5年。

本意见印发前已换届的党的基层组织，原则上从本届任期届满后，开始执行上述规定。

二、党的基层组织应严格执行任期制度，任期届满按期进行换届选举。如需延期或提前进行换届选举，应报上级党的委员会批准，延长或提前期限一般不超过1年。

5.《中国工会章程》

第二十六条　工会基层组织的会员大会或者会员代表大会，每年至少召开一次。经基层工会委员会或者三分之一以上的工会会员提议，可以临时召开会员大会或者会员代表大会。工会会员在一百人以下的基层工会应当召开会员大会。

6.《中国共产主义青年团基层组织选举规则》

第三条　团的支部委员会、总支部委员会由团员大会选举产生，每届任期两年或三年，其中大、中学校学生支部委员会每届任期一年。团的基层委员会由团员大会或团的代表大会选举产生，每届任期三年至五年。

第六条　团的支部委员会、总支部委员会、基层委员会任期届满应按期进行换届选举。如需提前或延期换届选举，应报同级党组织和上级团组织批准。延长期限不超过一年。

第六条　［会员代表大会坚持原则］

会员代表大会应坚持党的领导，坚持民主集中制，坚持依法规范，坚持公开公正，切实保障会员的知情权、参与权、选举权、监督权。

条文主旨

本条是关于召开基层工会会员代表大会应坚持原则的规定。

主要背景

会员代表大会制度是加强基层工会组织建设的重要制度，也是工会工作的重要组成部分。会员代表大会制度的政治性、政策性、敏感性很强，必须遵循一定的原则，在原则指导下，把会员代表大会纳入规范化的轨道。没有原则就没有是非标准，在各种因素干扰下，如基层工会和会员代表随心所欲，各行其是，必然会引发混乱，基层工会的吸引力凝聚力战斗力也就无从谈起。原则至关重要，发挥着指引性、标准性作用。指引性，指具体条款设计要符合原则的精神；标准性，指判断具体问题的处理是否符合原则的精神。设定原则，要有依据，不能凭想当然，要贯彻党中央的有关方针政策，遵循《工会法》《中国工会章程》的规定、体现工会组织的性质、符合会员代表大会的特点。

党的十八大以来，习近平总书记关于工人阶级和工会工作发表了一系列重要讲话，比如，2013 年 10 月 23 日，习近平总书记在同中华全国总工会十六届领导班子成员集体谈话时指出：“工会工作做得好不好、有没有取得明显成效，关键看有没有坚持正确政治方向。坚持正确政治方向，一言以蔽之，就是要坚持中国共产党领导和社会主义制度。党领导的一切人民团体，在这个根本问题上必须头脑十分清醒、立场十分坚定、行动十分坚决。在这方面，工会应该做得更好，因为工会是做工人阶级工作的，而工人阶级是我们党最坚实最可靠的阶级基础。只有坚持党的领导，工会工作才能方向明确、不走偏路，才能做得有声有色、扎实有效，才能把党的领导落实到广大职工群众中去，才能巩固和发展党执政的阶级基础和群众基础。工会要永远保持自觉接受党的领导这一优良传统。”“坚持党的领导，是政治立场和政治原则，也是工作准则和具体要求。如果口号喊得很响，实际上不落实，流于形式，那也不能算是坚持了党的领导，至少是坚持得不好、不得力。坚持党的领导，就要始终在思想上政治上行动上同党中央保持一致，坚持用党的基本理论、基本路线、基本纲领、基本经验、基本要求武装头脑、指导工作，坚决贯彻落实党的大政方针和决策部署，不断增强对中国特色社会主义的道路自信、理论自信、制度自信。坚持党的领导，就要自觉服从服务于党和国家工作大局，把工会工作放到这个大局中去思考、去把握、去推进，团结带领广大职工群众为坚持和发展中国特色社会主义、实现‘两个一百年’奋斗目标贡献智慧和力量。坚持党的领导，就要坚持中国特色社会主义工会发展道路，保持战略定力，增强坚持和拓展这条道路的责任心和使命感，不为任何风险所惧、不为任何干扰所惑，勇于实践、勇于创新，努力使这条道路越走越宽广。”

再比如，2016 年 10 月 10 日，习近平总书记在全国国有企业党的建设工作会议上指出：“坚持全心全意依靠工人阶级的方针，是坚持党对国有企业领导的内在要求，要在政治上保证、制度上落实、素质上提高、权益上维护，不能当口号喊。要健全以职工代表大会为基本形式的民主管理制度，推进厂务公开、业务公开，落实职工群众的知情权、参与权、表达权、监督权，充分调动工人阶级的积极性、主动性、创造性。企业在重大决策上要听取职工意见，涉及职工切身利益的重大问题必须经过职代会审议。要坚持和完善职工董事制度、职工监事制度，鼓励职工代表有序参与公司治理。”

我国《工会法》第四条第一款规定：“工会必须遵守和维护宪法，以宪法为根本的活动准则，以经济建设为中心，坚持社会主义道路、坚持人民民主专政、坚持中国共产党的领导、坚持马克思列宁主义毛泽东思想邓小平理论，坚持改革开放，依照工会章程独立自主地开展工作。”第九条中规定，“工会各级组织按照民主集中制原则建立。”“各级工会委员会由会员大会或者会员代表大会民主选举产生”。《中国工会章程》第九条也明确，“中国工会实行民主集中制”。第十条中规定，“工会各级代表大会的代表和委员会的产生，要充分体现选举人的意志。候选人名单，要反复酝酿，充分讨论。”“任何组织和个人，不得以任何方式强迫选举人选举或不选举某个人”。以上这些重要论述或规定，都是会员代表大会应当坚持和遵循的。

条文解析

本条明确了会员代表大会应坚持五条原则：坚持党的领导，坚持民主集中制，坚持依法规范，坚持公开公正，切实保障会员的知情权、参与权、选举权、监督权。

第一，坚持党的领导。坚持党的领导，是会员代表大会的政治保证。工会是职工自愿结合的工人阶级的群众组织，是党领导的一个重要人民团体，政治性是工会组织的灵魂，是第一位的。习近平总书记指出："工会工作做得好不好、有没有取得明显成效，关键看有没有坚持正确政治方向。坚持正确政治方向，一言以蔽之，就是要坚持中国共产党领导和社会主义制度。""坚持党的领导，是政治立场和政治原则，也是工作准则和具体要求。如果口号喊得很响，实际上不落实，流于形式，那也不能算是坚持了党的领导，至少是坚持得不好、不得力。"会员代表大会必须把坚持党的领导放在第一位，脱离党的领导，工会就会庸俗化，就会成为一般社会组织，甚至会走向邪路。

第二，坚持民主集中制。民主集中制，是会员代表大会的根本制度。民主集中制，既是党的根本组织原则，也是群众路线在党的生活中的运用。工会各级组织的根本制度是民主集中制，基本制度是委员会制、选举制、任期制。工会各级领导机构应通过会员大会或会员代表大会民主选举产生，具体任期由会员大会或会员代表大会来决定。坚持民主集中制，会员代表大会必须贯彻个人服从组织、少数服从多数、下级服从上级的要求，坚持民主基础上的集中和集中指导下的民主相结合。只有坚持民主集中制，体现大多数会员的意志，才能保证会员代表大会顺利召开，实现民主参与、民主决策、民主监督，汇集智慧、统一思想、统一行动的目的。

第三，坚持依法规范。依法规范，是会员代表大会的重要保障。召开会员代表大会涉及代表条件、代表名额、代表产生、代表结构、代表职责、代表退出、代表大会职权、代表大会运行等问题，操作性很强，必须纳入法治化的轨道。从制度设计看，解决这些问题，应当以法律法规规章政策为依据，法律法规规章政策有规定的，必须贯彻执行，具体内容和操作规程不得与其相冲突；如法律法规规章政策没有明确规定的，要从工会的性质出发，体现法律法规规章的精神、符合基层工会实际。从工作实际看，要树立法治意识，强化法治思维，严格执行会员代表大会制度，不能凭感觉、拍脑袋、靠习惯召开会员代表大会，更不能根据个人的好恶而选择性执行，绝不能为了某些人的私利而搞变通执行。

第四，坚持公开公正。公开公正，是会员代表大会的内在要求。会员代表大会是一种民主形式，实现民主，必须以公开公正为前提，否则就不能称之为民主，至少是落实民主不到位。只有公开，才能保证会员的民主权利；只有公正，才能保证会员代表大会的权威性。从制度设计看，要使操作规程公开、代表名额数公开、代表条件公开、候选人公开、会议议程公开、会议过程公开、会议结果公开，最大限度保证会员的知情权、参与权、监督权；要坚持一视同仁，保证全体会员或会员代表权利平等、条件平等、机会平等、程序公正。实际工作中，要牢固树立公开公正意识，严格执行公开公正原则，绝不能无视制度规定，搞暗箱操作。

第五，切实保障会员的知情权、参与权、选举权、监督权。切实保障会员的知情权、参与权、选举权、监督权，是会员代表大会的重要基础。基础就是前提和根基，判断会员代表大会是否成功，关键要看是否充分尊重和保障会员的民主权利。工会是工人阶级的群众组织，知情权、参与权、选举权、监督权，是会员最基本、最重要的民主权利。召开会员代表大会，要尊重会员的主体地位，保障会员代表的民主权利，使会员代表按照自己的意志行使民主权利，任何组织和个人，都无权以任何方式强迫会员代表违背自己的意志行事。同时，每个会员代表的权利和义务都是平等的，要一视同仁，不能因人而异，更不能采取歧视的办法，限制或剥夺部分会员的民主权利。

以上五个方面的原则，是一个统一的整体，必须得到全面贯彻落实，不能选择性坚持，也不能重视某一方面的原则，而轻视或忽视另一方面的原则，更不能为了达到个人目的，任意曲解、取消甚至违背某一原则。只有不折不扣地贯彻落实上述原则，才能确保会员代表大会的召开健康有序、富有生命力。原则至关重要，是本条例的核心条款之一。具体条款是在原则指导下设计的，但不可能穷尽所有的情形，实践中可能会遇到各种各样的情况，有的可能没有明确规定，但只要把握原则真谛，就能够妥善处理各种问题。

参考规定

1.《宪法》

第三十四条　中华人民共和国年满十八周岁的公民，不分民族、种族、性别、职业、家庭出身、宗教信仰、教育程度、财产状况、居住期限，都有选举权和被选举权；但是依照法律被剥夺政治权利的人除外。

2.《全国人民代表大会和地方各级人民代表大会选举法》

第三条　中华人民共和国年满十八周岁的公民，不分民族、种族、性别、职业、家庭出身、宗教信仰、教育程度、财产状况和居住期限，都有选举权和被选举权。

依照法律被剥夺政治权利的人没有选举权和被选举权。

第三十五条　全国人民代表大会和地方各级人民代表大会代表的选举，应当严格依照法定程序进行，并接受监督。任何组织或者个人都不得以任何方式干预选民或者代表自由行使选举权。

第五十七条　为保障选民和代表自由行使选举权和被选举权，对有下列行为之一，破坏选举，违反治安管理规定的，依法给予治安管理处罚；构成犯罪的，依法追究刑事责任：

（一）以金钱或者其他财物贿赂选民或者代表，妨害选民和代表自由行使选举权和被选举权的；

（二）以暴力、威胁、欺骗或者其他非法手段妨害选民和代表自由行使选举权和被选举权的；

（三）伪造选举文件、虚报选举票数或者有其他违法行为的；

（四）对于控告、检举选举中违法行为的人，或者对于提出要求罢免代表的人进行压制、报复的。

国家工作人员有前款所列行为的，还应当依法给予行政处分。

以本条第一款所列违法行为当选的，其当选无效。

3.《工会法》

第四条　工会必须遵守和维护宪法，以宪法为根本的活动准则，以经济建设为中心，坚持社会主义道路、坚持人民民主专政、坚持中国共产党的领导、坚持马克思列宁主义毛泽东思想邓小平理论，坚持改革开放，依照工会章程独立自主地开展工作。

工会会员全国代表大会制定或者修改《中国工会章程》，章程不得与宪法和法律相抵触。

国家保护工会的合法权益不受侵犯。

第五条　工会组织和教育职工依照宪法和法律的规定行使民主权利，发挥国家主人翁的作用，通过各种途径和形式，参与管理国家事务、管理经济和文化事业、管理社会事务；协助人民政府开展工作，维护工人阶级领导的、以工农联盟为基础的人民民主专政的社会主义国家政权。

第九条　工会各级组织按照民主集中制原则建立。

各级工会委员会由会员大会或者会员代表大会民主选举产生。企业主要负责人的近亲属不得作为本企业基层工会委员会成员的人选。

各级工会委员会向同级会员大会或者会员代表大会负责并报告工作，接受其监督。

工会会员大会或者会员代表大会有权撤换或者罢免其所选举的代表或者工会委员会组成人员。上级工会组织领导下级工会组织。

4.《中共中央　国务院关于构建和谐劳动关系的意见》

加强企业党组织和基层工会、团组织、企业代表组织建设。加强各类企业党建工作，重点在非公有制企业扩大党的组织覆盖和工作覆盖。坚持企业党建带群团建设，依法推动各类企业普遍建立工会，进一步加强非公有制企业团建工作。指导和支持企业党群组织探索适合企业特点的工作途径和方法，不断增强企业党群组织活力，充分发挥在推动企业发展、凝聚职工群众、促进和谐稳定中的作用。深入推进区域性、行业性工会联合会和县（市、区）、乡镇（街道）、村（社区）、工业园区工会组织建设，健全产业工会组织体系。完善基层工会主席民主产生机制，探索基层工会干部社会化途径，健全保护基层工会干部合法权益制度。建立健全县级以上政府与同级总工会联席会议制度，支持工会参与协调劳动关系。加强基层企业代表组织建设，支持企业代表组织参与协调劳动关系，充分发挥企业代表组织对企业经营者的团结、服务、引导、教育作用。

5.《中国工会章程》

总则　中国工会以宪法为根本活动准则，按照《中华人民共和国工会法》和本章程独立自主地开展工作，依法行使权利和履行义务。

中国工会坚持自觉接受中国共产党的领导，承担团结引导职工群众听党话、跟党走的政治责任，巩固和扩大党执政的阶级基础和群众基础。

中国工会坚持以改革创新精神加强自身建设，构建联系广泛、服务职工的工作体系，增强团结教育、维护权益、服务职工的功能，坚持群众化、民主化，保持同会员群众的密切联系，依靠会员群众开展工会工作。各级工会领导机关坚持把工作重点放到基层，着力扩大覆盖面、增强代表性，着力强化服务意识、提高维权能力，着力加强队伍建设、提升保障水平，坚持服务职工群众的工作生命线，全心全意为基层、为职工服务，构建智慧工会，增强基层工会的吸引力凝聚力战斗力，把工会组织建设得更加充满活力、更加坚强有力，成为深受职工群众信赖的学习型、服务型、创新型“职工之家”。

第九条　中国工会实行民主集中制，主要内容是：

（一）个人服从组织，少数服从多数，下级组织服从上级组织。

（二）工会的各级领导机关，除它们派出的代表机关外，都由民主选举产生。

（三）工会的最高领导机关，是工会的全国代表大会和它所产生的中华全国总工会执行委员会。工会的地方各级领导机关，是工会的地方各级代表大会和它所产生的总工会委员会。

（四）工会各级委员会，向同级会员大会或者会员代表大会负责并报告工作，接受会员监督。会员大会和会员代表大会有权撤换或者罢免其所选举的代表和工会委员会组成人员。

（五）工会各级委员会，实行集体领导和分工负责相结合的制度。凡属重大问题由委员会民主讨论，作出决定，委员会成员根据集体的决定和分工，履行自己的职责。

（六）工会各级领导机关，加强对下级组织的领导和服务，经常向下级组织通报情况，听取下级组织和会员的意见，研究和解决他们提出的问题。下级组织应及时向上级组织请示报告工作。

第十条　工会各级代表大会的代表和委员会的产生，要充分体现选举人的意志。候选人名单，要反复酝酿，充分讨论。选举采用无记名投票方式，可以直接采用候选人数多于应选人数的差额选举办法进行正式选举，也可以先采用差额选举办法进行预选，产生候选人名单，然后进行正式选举。任何组织和个人，不得以任何方式强迫选举人选举或不选举某个人。

6.《中国共产党地方组织选举工作条例》

第五条　选举应充分发扬民主，尊重和保障选举人的民主权利，体现选举人的意志。任何组织和个人不得以任何方式强迫选举人选举或不选举某个人。

7.《中国共产党基层组织选举工作暂行条例》

第五条　正式党员有表决权、选举权、被选举权。受留党察看处分的党员在留党察看期间没有表决权、选举权和被选举权；预备党员没有表决权、选举权和被选举权。

第六条　选举应尊重和保障党员的民主权利，充分发扬民主，体现选举人的意志。任何组织和个人不得以任何方式强迫选举人选举或不选举某个人。

8.《工会基层组织选举工作条例》

第五条　选举工作应坚持党的领导，坚持民主集中制，遵循依法规范、公开公正的原则，尊重和保障会员的民主权利，体现选举人的意志。

第七条　［会员代表大会的指导和监督］

基层工会召开会员代表大会应向同级党组织和上一级工会报告。换届选举、补选、罢免基层工会委员会组成人员的，应向同级党组织和上一级工会书面报告。

上一级工会对下一级工会召开会员代表大会进行指导和监督。

条文主旨

本条是关于基层工会召开会员代表大会报告和接受指导监督的规定。

主要背景

我国《工会法》第九条规定，“上级工会组织领导下级工会组织”。

这一规定明确了上下级工会组织之间的关系，也是工会组织建设的一个重要原则。《中国工会章程》第九条第（六）项进一步明确："工会各级领导机关，加强对下级组织的领导和服务，经常向下级组织通报情况，听取下级组织和会员的意见，研究和解决他们提出的问题。下级组织应及时向上级组织请示报告工作。"上级工会组织领导下级工会组织，这里的领导，主要包括组织领导和工作领导。组织领导方面，当基层工会成立、换届、补选、罢免工会委员会组成人员时，应报上一级工会批准。对此，《中国工会章程》第十六条规定，"成立或者撤销工会组织，必须经会员大会或者会员代表大会通过，并报上一级工会批准"。第二十七条规定，"工会基层委员会、常务委员会和主席、副主席以及经费审查委员会的选举结果，报上一级工会批准"。但在届期内召开会员代表大会，不涉及补选、罢免工会委员会组成人员时，是否需要向上一级工会报告，没有明确规定。

现实中，一些基层工会在届期内每年不召开会员代表大会；有的虽然召开会员代表大会，但准备不充分，走过场搞形式，未严格依照《中国工会章程》的规定落实会员代表大会的职权；有的索性以工作总结部署会来代替会员代表大会，行政化倾向明显。

换届选举、补选、罢免基层工会委员会组成人员的，有的不按规定向同级党组织和上一级工会报告，有的虽报告，但只是口头报告或电话报告，显得很随意。

还有一些上一级工会对下一级的会员代表大会"大撒把儿"，缺乏必要的指导和监督，致使下一级工会的会员代表大会处于"失控"状态，影响了会员代表大会的合法性、权威性。

条文解析

为维护会员代表大会的严肃性和权威性，针对现实中存在的问题，本条明确规定基层工会召开会员代表大会应向上一级工会报告，特殊情况的应书面报告。同时，明确了上一级应履行的职责。理解本条规定，应把握以下三层含义：

第一，基层工会召开会员代表大会应向同级党组织和上一级工会报告。基层工会召开会员代表大会应向上一级工会报告，这是新增加的规定。主要理由是，《工会法》《中国工会章程》虽没有这样的规定，但明确了“上级工会组织领导下级工会组织”这一重要组织原则，“领导”不是抽象的，而是具体的，召开会员代表大会是基层工会政治生活中一件比较重要的事情，应当告知上一级工会，因此增加了这一规定。这是一个普遍性的要求，意在明确：基层工会只要召开会员代表大会就应当向上一级工会报告，一方面体现上下级工会组织之间领导与被领导的关系，另一方面保证上一级工会能够及时掌握下一级工会的动态。这里没有规定报告内容和报告形式，主要考虑的是，该处“报告”是一般性的报告，对内容和形式不必过于严格，重要的是让上一级工会掌握情况。就常识而言，报告的内容包括会员代表大会的主要议题和具体时间，报告的形式可以是书面方式，也可以是通过口头、电话或网络等方式，便于基层工会落实。

第二，换届选举、补选、罢免基层工会委员会组成人员的，应向同级党组织和上一级工会书面报告。这是针对特殊情况作出的特别规定。本条列举的特殊情况包括：换届选举、补选、罢免基层工会委员会组成人员。之所以强调“书面报告”，主要考虑两点：一是换届选举、补选、罢免基层工会委员会组成人员涉及基层工会领导机构变动，比届期内一般的会员代表大会更重要，上一级应掌握更详细情况；二是换届选举、补选、罢免基层工会委员会组成人员需要上一级工会的书面批复，从程序上应当更加严谨。

第三，上一级工会对下一级工会召开会员代表大会进行指导和监督。这是新增加的规定，旨在解决上一级工会履行职责不到位问题。前面已经说到，“上级工会组织领导下级工会组织”是工会的一个重要组织原则，为使这一原则落地，本条特别增加新的规定，“上一级工会对下一级工会召开会员代表大会进行指导和监督。”这一规定旨在强调两点：一是明确了基层工会召开会员代表大会的领导关系，即接受同级党组织和上一级工会的领导；二是明确了上一级工会负有指导和监督的职责，不能“大撒把儿”，避免下一级工会的会员代表大会处于“失控”状态。

参考规定

1.《工会法》

第九条第四款　工会会员大会或者会员代表大会有权撤换或者罢免其所选举的代表或者工会委员会组成人员。

第九条第五款　上级工会组织领导下级工会组织。

2.《中国工会章程》

第九条第（一）项　个人服从组织，少数服从多数，下级组织服从上级组织。

第九条第（六）项　工会各级领导机关，加强对下级组织的领导和服务，经常向下级组织通报情况，听取下级组织和会员的意见，研究和解决他们提出的问题。下级组织应及时向上级组织请示报告工作。

第十六条　成立或者撤销工会组织，必须经会员大会或者会员代表大会通过，并报上一级工会批准。工会基层组织所在的企业终止，或者所在的事业单位、机关和其他社会组织被撤销，该工会组织相应撤销，并报上级工会备案。其他组织和个人不得随意撤销工会组织，也不得把工会组织的机构撤销、合并或者归属其他工作部门。

第二十六条第三款　工会基层委员会和经费审查委员会每届任期三

年至五年，具体任期由会员大会或者会员代表大会决定。任期届满，应当如期召开会议，进行换届选举。在特殊情况下，经上一级工会批准，可以提前或者延期举行。

第二十七条　工会基层委员会的委员，应当在会员或者会员代表充分酝酿协商的基础上选举产生；主席、副主席，可以由会员大会或者会员代表大会直接选举产生，也可以由工会基层委员会选举产生。大型企业、事业单位的工会委员会，根据工作需要，经上级工会委员会批准，可以设立常务委员会。工会基层委员会、常务委员会和主席、副主席以及经费审查委员会的选举结果，报上一级工会批准。

3.《工会基层组织选举工作条例》

第六条　选举工作在同级党组织和上一级工会领导下进行。未建立党组织的在上一级工会领导下进行。

第十五条第一款　基层工会组织实施选举前应向同级党组织和上一级工会报告，制定选举工作方案和选举办法。

第二十九条第一款　基层工会委员会、常务委员会和主席、副主席的选举结果，报上一级工会批准。上一级工会自接到报告 15 日内应予批复。违反规定程序选举的，上一级工会不得批准，应重新选举。

第三十三条第三款　补选主席前征得同级党组织和上一级工会的同意，可暂由一名副主席或委员主持工作，期限一般不超过半年。

第三十七条第一款　基层工会经费审查委员会的选举结果，与基层工会委员会选举结果同时报上一级工会批准。

第二章　会员代表大会的组成和职权

本章旨在明确会员代表大会怎样组成及其职权，主要包括：会员代表大会的组成结构、会员代表的名额确定、会员代表大会的筹备主体、会员代表大会的职权等内容。

第八条　［会员代表大会组成结构］

会员代表的组成应以一线职工为主，体现广泛性和代表性。中层正职以上管理人员和领导人员一般不得超过会员代表总数的20%。女职工、青年职工、劳动模范（先进工作者）等会员代表应占一定比例。

条文主旨

本条是关于基层工会会员代表大会代表组成结构的规定。

主要背景

群众性是工会组织的根本特点。离开了群众性，工会就容易走向官僚化、空壳化。习近平总书记在中央党的群团工作会议讲话中指出，当前群团组织存在的突出问题是不同程度存在“机关化、行政化、贵族化、娱乐化”，工会也不例外。原《暂行规定》第三条规定：“基层工会会员代表大会代表的组成，应有广泛的群众性和代表性。企业单位中的工人会员代表，学校、科研单位中教职员工和科研人员会员代表，一般应占会员代表总数的60%以上。女职工和青年职工会员应占一定比例。”但落实情况并不理想，存在的普遍性问题是，管理层会员代表相对较多，生产工作一线普通会员代表相对较少；主业领域会员相对较多，辅助领域会员代表相对较少；高学历会员代表相对较多，低学历会员代表相对较少。会员代表结构总体上呈现“高大上”倾向，实质上也是“贵族化”的一种表现。会员代表大会是基层工会的最高领导机构，会员代表大会能否真正代表最广大会员，与会员代表的结构密切相关。针对现实中存在的问题，为推动工会改革向基层延伸，进一步增强基层工会组织的政治性、先进性、群众性，应对会员代表的组成结构作出新的规定。

条文解析

根据工会改革精神，聚焦现实问题，为使会员代表大会更加贴近基层、贴近实际、贴近职工，回归群众性，本条对基层工会会员代表大会的组成从坚持的原则、总体结构、关照特殊群体等三个方面，作出了新的规定。理解本条规定，应把握以下三个方面的含义。

第一，会员代表的组成应以一线职工为主，体现广泛性和代表性。这是从总的原则要求方面作出的规定，总的要求是，会员代表的组成应以一线职工为主，体现广泛性和代表性。尽管每个基层工会的情况各不相同，具有一定特殊性，但在分配代表名额、酝酿代表人选时，应充分遵循广泛性和代表性这一个原则，不得以自己的特殊性为由，违背这一原则。当然，在落实这一原则过程中，应从本单位的具体实际出发。有人会问，以一线职工为主，哪些“属于一线”？这要看具体情况，“一线”与“二线”只是相对而言的，比如，对一个生产企业来说，工作在生产车间的属于一线，但对生产车间来说，工作在生产岗位上的属于一线。当选举企业工会会员代表时，应以工作在生产车间的职工为主，当选举生产车间工会会员代表时，应以工作在生产岗位上的职工为主。

在保证以一线职工为主的前提下，应充分考虑广泛性和代表性。广泛性，要尽可能照顾到本单位的各个领域，比如各职能部门、各下属各单位或车间、分厂；主业、辅业等。代表性，尽可能考虑到本单位的各类群体，比如管理人员、技术人员、生产人员；劳动模范（先进工作者）、女职工；老职工、青年职工等。

第二，中层正职以上管理人员和领导人员一般不得超过会员代表总数的 20%。这是从会员代表的总体结构上作出的规定，旨在落实“以一线职工为主”这一原则。前面明确了会员代表“以一线职工为主”，到底占多大比例才算“为主”？实践中可能各有各的理解。为便于基层工会操作，这里明确，中层正职以上管理人员和领导人员一般不得超过会员代表总数的 20%。原《暂行规定》第三条从正向规定：“企业单位中的工人会员代表，学校、科研单位中教职员工和科研人员会员代表，一般应占会员代表总数的 60% 以上。”这一规定提到了三类用人单位：企业、学校、科研单位，而其他类型的用人单位无从遵循。这次从反向作出了规定，没有明确一线职工占多大比例，而是规定中层正职以上管理人员和领导人员一般不得超过会员代表总数的 20%。这样规定，也可以理解为一线代表一般不少于 80%。目的有二：一是从导向上明确限制中层正职以上管理人员和领导人员；二是进一步提高一线会员代表的比例，从 60% 提高到 80%。

另外，还要注意两个细节：一是没有明确列举用人单位，意在表明包括所有类型的用人单位。主要考虑是，当前用人单位的情况比较复杂，有的不好归类，这样可以避免在实践中产生歧义。二是怎样把握“中层”的指向，这要具体情况具体分析。一般，用人单位分高层、中层、一线，高层属于决策层，中层属于管理层，一线属于直接从事具体的生产工作层。当然，中层也是一个相对概念，比如，一个单位分四个层级，选举第一层级的会员代表，第二层级就属于中层，选举第二层级的会员代表，第三层级就属于中层。

第三，女职工、青年职工、劳动模范（先进工作者）等会员代表应占一定比例。这是对特殊群体作出的特别规定。女职工是职工队伍的重要组成部分，因心理、生理、家庭等原因，处于相对弱势，社会参与度相对较低，选举会员代表时，不能忽视女职工群体。青年职工因资历阅历较浅，与老职工相比，总体上参政议政经验能力可能不足，但青年职工是职工队伍的主体，选举会员代表时，也不能忽视青年职工。劳动模范（先进工作者），虽然人数不多，但他们是本单位生产工作的先进代表，为突出工会的政治性、先进性，在选举会员代表时，应注意考虑劳动模范。有的单位可能没有劳动模范，这时应考虑本单位表彰的其他各类先进工作者。

注意：这里写的是“应占一定比例”，有人建议能否写明具体比例数，便于基层工会操作，这种想法不符合实事求是精神。因各单位的情况千差万别，是无法明确具体比例的，比如，有的单位有女职工，有的单位没有女职工，如果写明具体比例，没有女职工的基层工会怎么执行？“应占一定比例”不能简单理解为“应占相应比例”，比如，一个单位女会员占20%，不能理解为女会员代表一定占20%，正确理解是可以多于20%，也可以少于20%，但不能没有女会员代表。所以，应坚持一切从实际出发，由基层工会酌情掌握。

参考规定

1.《全国人民代表大会和地方各级人民代表大会选举法》

第六条　全国人民代表大会和地方各级人民代表大会的代表应当具有广泛的代表性，应当有适当数量的基层代表，特别是工人、农民和知识分子代表；应当有适当数量的妇女代表，并逐步提高妇女代表的比例。

全国人民代表大会和归侨人数较多地区的地方人民代表大会，应当有适当名额的归侨代表。

旅居国外的中华人民共和国公民在县级以下人民代表大会代表选举期间在国内的，可以参加原籍地或者出国前居住地的选举。

第十四条　地方各级人民代表大会代表名额，由本级人民代表大会常务委员会或者本级选举委员会根据本行政区域所辖的下一级各行政区域或者各选区的人口数，按照每一代表所代表的城乡人口数相同的原则，以及保证各地区、各民族、各方面都有适当数量代表的要求进行分配。在县、自治县的人民代表大会中，人口特少的乡、民族乡、镇，至少应有代表一人。

地方各级人民代表大会代表名额的分配办法，由省、自治区、直辖市人民代表大会常务委员会参照全国人民代表大会代表名额分配的办法，结合本地区的具体情况规定。

2.《中国共产党地方组织选举工作条例》

第十一条　党的地方各级代表大会代表中应有各级领导干部、各类专业技术人员、各条战线先进模范人物、解放军、武警部队等各方面的代表。代表构成的指导性比例由召开代表大会的党的委员会根据实际情况确定。妇女代表和少数民族代表所占比例一般不少于本地区妇女、少数民族党员占党员总数的比例。党的省、自治区、直辖市代表大会代表中各类专业技术人员和各条战线的先进模范人物占代表总数的比例一般不少于25%。

3.《中国共产党基层组织选举工作暂行条例》

第七条　党员代表大会的代表应能反映本选举单位的意见，代表党员的意志。

代表的名额一般为100名至200名，最多不超过300名。其具体名额由召集代表大会的党组织按照有利于党员了解和直接参与党内事务，有利于讨论决定问题的原则确定，报上级党组织批准。

代表名额的分配根据党员人数和代表具有广泛性的原则确定。

4.《工会基层组织选举工作条例》

第十条　基层工会委员会的委员、常务委员会委员和主席、副主席的选举均应设候选人。候选人应信念坚定、为民服务、勤政务实、敢于担当、清正廉洁，热爱工会工作，受到职工信赖。

基层工会委员会委员候选人中应有适当比例的劳模（先进工作者）、一线职工和女职工代表。

第九条　［会员代表名额］

会员代表名额，按会员人数确定：

会员100至200人的，设代表30至40人；

会员201至1000人的，设代表40至60人；

会员1001至5000人的，设代表60至90人；

会员5001至10000人的，设代表90至130人；

会员10001至50000人的，设代表130至180人；

会员50001人以上的，设代表180至240人。

条文主旨

本条是关于确定会员代表名额的规定。

主要背景

关于会员代表名额问题，除原《暂行规定》外，《工会法》《中国工会章程》及其他工会规范性文件并没有作出过规定。原《暂行规定》第二条规定："会员在200至500人者，代表为会员的25%至20%；会员在501至1000人者，代表为会员的20%至10%；会员在1001至

5000人者，代表为会员的10%至6%；会员在5001至10000人者，代表为会员的5%。”“会员超过万人的大型企事业单位，会员代表的人数原则上不超过500人。个别特大型企业单位，会员代表需超过500人的，须经所在省、自治区、直辖市总工会批准；以产业工会领导为主的单位，报相应的全国产业工会批准。”“会员200人以下的基层工会，一般应召开会员大会。如因特殊情况需要召开会员代表大会时，须经上级工会批准，代表人数比例不得少于30%。”应该肯定，这一规定对基层工会确定会员代表名额发挥了重要作用。但因制度设计不够严谨，实践中出现以下突出问题：

一是代表名额容易造成混乱。比如，当会员400人时，会员代表比例为25%至20%，如按25%计算，会员代表名额为100人；当会员800人时，会员代表比例为20%至10%，如按10%计算，会员代表名额只有80人。这样，会员人数增加了1倍，而会员代表名额反而减少了20人。

二是代表名额差额幅度过大。比如，会员600人时，会员代表比例为20%至10%，如按20%计算，会员代表名额为120人，如按10%计算，会员代表名额只有60人，同样的会员人数，但会员代表名额过于悬殊。

三是代表名额过多开会困难。超过万人的大型企事业单位，会员代表的名额一般在500人左右，召集这么大规模的会议，给组织、交通、餐饮、住宿、会场等会务工作带来诸多困难。同时，也不符合中央精简会议、压缩会议的要求。

四是会员代表与职工代表容易混淆。职工代表的名额按职工人数的5%来确定，而会员在5001人至10000人的，会员代表也按5%确定，相当多的基层工会本就分不清职工代表大会和会员代表大会的区别，如会员代表和职工代表的名额按同样的比例计算，更容易使基层工会误认为职工代表大会就是会员代表大会。当前“两会合一”的问题非常突出，带来许多法律风险。

五是与《中国工会章程》《工会基层组织选举工作条例》规定相冲突。原《暂行规定》第二条规定，“会员200人以下的基层工会，一般应召开会员大会”。这样规定自然包括会员100人至200人的情况。而《中国工会章程》第二十六条规定，“工会会员在一百人以下的基层工会应当召开会员大会”。《工会基层组织选举条例》第十六条规定，“会员不足100人的基层工会组织，应召开会员大会进行选举”。

基于上述分析，必须改变按比例设置会员代表名额的思路，从制度设计上解决上述突出问题。

条文解析

本条根据会员人数，采取代表名额分档定量的方法，对会员代表名额作出了全新的规定。基本的思路是这样的：

根据本条例第三条的规定，只有会员100人以上的，才可能召开会员代表大会，会员代表最少30人已得到普遍认可。因此，会员代表名额就从30人开始。会员100人至200人的，设代表30人至40人。为什么把100人至200人作为一档呢？能否把100人至1000人作为一档呢？因为会员100人至200人的小微企业占比居多，单独划分比较合理。如果把100人至1000人作为一档，会员人数跨度较大，代表名额幅度不好设置，设置幅度小，会员代表名额区分不开，幅度太大，容易产生混乱。为什么代表名额控制在30人至40人呢？很简单，30人至40人，跨度为10人，整数方便基层工会和会员群众记忆。以下每进一档，比上一档的跨度扩大10人，也是基于这个想法。

会员201至1000人的，设代表40至60人，跨度为20人；

会员1001至5000人的，设代表60至90人，跨度为30人；

会员5001至10000人的，设代表90至130人，跨度为40人；

会员10001至50000人的，设代表130至180人，跨度为50人；

会员50001人以上的，设代表180至240人，跨度为60人。

之所以这样设置档次，也是为了与《工会基层组织选举工作条例》相互衔接配套。

有人觉得，会员代表最多240人，规定得太死，应该为特大型企事业单位允许增加会员代表名额留下操作空间，比如，从程序上可以增加“经上一级工会同意，可以适当增加名额”。这个问题不是没有想过，主要考虑：一是调研过程中，各地普遍反映，当前的会员代表名额确实太多，从制度设计上应该大幅度压缩；二是特大型企事业单位范围难以界定，写上“经上一级工会同意”，在缺乏标准的情况下，上一级工会也难以把握，在惯性思维驱动下，一些基层工会很可能以各种理由增加会员代表名额，压缩代表名额的愿望就难以实现。

参考规定

1.《中国共产党地方组织选举工作条例》

第九条　党的地方各级代表大会的代表名额，由召开代表大会的党的委员会全体会议，按照有利于充分发扬党内民主、有利于讨论决定问题和代表具有广泛性的原则确定。

党的省、自治区、直辖市代表大会代表名额，一般为400至800名。

设区的市、自治州代表大会代表名额，一般为300至500名。

县（旗）、自治县、不设区的市和市辖区代表大会代表名额，一般为200至400名。

党员和所辖党组织较多或较少的，可以适当增加或减少代表名额。

第十条　代表名额的分配由召开代表大会的党的委员会按照所辖党

组织的数量、党员人数和工作需要确定。

2.《中国共产党基层组织选举工作暂行条例》

第七条　党员代表大会的代表应能反映本选举单位的意见，代表党员的意志。

代表的名额一般为100名至200名，最多不超过300名。其具体名额由召集代表大会的党组织按照有利于党员了解和直接参与党内事务，有利于讨论决定问题的原则确定，报上级党组织批准。

代表名额的分配根据党员人数和代表具有广泛性的原则确定。

3.《工会基层组织选举工作条例》

第八条　基层工会委员会委员名额，按会员人数确定：

不足25人，设委员3至5人，也可以设主席或组织员1人；

25人至200人，设委员3至7人；

201人至1000人，设委员7至15人；

1001人至5000人，设委员15至21人；

5001人至10000人，设委员21至29人；

10001人至50000人，设委员29至37人；

50001人以上，设委员37至45人。

第十条　［会员代表大会责任主体］

会员代表的选举和会议筹备工作由基层工会委员会负责，新成立基层工会的由工会筹备组负责。

条文主旨

本条是关于责任主体的规定，明确谁来负责会员代表的选举和会员代表大会筹备工作。

主要背景

召开会员代表大会是职工政治生活中的一件大事，需要做大量细致的准备工作，那么谁来负责呢？这似乎不是一个问题，但现实中却发生了不少问题。原《暂行规定》第十六条规定："每届基层工会代表大会第一次会议，应在本届基层工会代表大会代表选举完成后一个月内，由上届基层工会委员会召集，并应将会议日期和建议会议讨论的事项提前10天通知代表。"这一规定中"由上届基层工会委员会召集"似乎明确了会员代表大会的责任主体，但容易产生歧义——"召集"，是指整个会议的筹备工作，还是仅指以上届工会委员会名义通知开会？这导致一些基层工会特别是新成立的基层工会会员代表大会的筹备工作很不规范。比如，有的由单位党组织负责筹备，有的由单位行政职能部门负责筹备，有的由经营者甚至指定自己的亲信来负责筹备。因不熟悉工会业务，操作不规范，给所谓的会员代表大会带来了很多后遗症、埋下很多隐患，使工会的形象和权威受到严重影响。因责任主体不明确，即使出了问题谁也不承担责任。

责任主体应当法定，从制度设计上必须明确谁来负责选举会员代表和整个会员代表大会的筹备工作。

条文解析

本条首先明确，会员代表的选举和会议筹备工作由基层工会委员会负责，这是针对基层工会已经成立的情况。对新成立基层工会的，因工会领导机构还没有产生，由工会筹备组负责。

工会筹备组怎么组成呢？《工会基层组织选举工作条例》第七条规定，"筹备组成员由同级党组织代表和职工代表组成，根据工作需要，上级工会可以派人参加"。本条例与之保持了一致。成立工会筹备组是确保新建立基层工会选举工作稳步有序推进的组织保证。工会筹备组的成立，要在同级党组织和上级工会的帮助指导下进行。已建立党组织的单位，筹备组成员由党组织提出工会筹备组人选，报经上一级工会批复同意；没有建立党组织的单位，由上一级工会指导职工选出自己的代表组成筹备组，或者由职工选出自己的代表，向上一级工会提出申请，由上一级工会与单位行政和职工共同协商，确定筹备组人选。

筹备组成员由同级党组织代表和职工代表组成，根据工作需要，上级工会可以派人参加。同级党组织代表应在筹备组中发挥主导作用，主要把握工会筹建工作的政治方向。上级工会主要指导工会筹备组的成立和具体业务工作，必要时也可以派人参加筹备组。

注意：这里的“上级工会”不限于上一级工会。工会是职工自愿结合的群众组织，因此，工会筹备组中职工选举的代表应占一定比例，实践中一般不少于三分之一。筹备组中的职工选举的代表应当拥有广泛的代表性，确保工会筹建工作的代表性、公正性和权威性。此外，工会筹备组也可以吸收用人单位符合条件的管理人员参加，但管理人员要控制一定的比例，实践中一般不超过筹备组总人数的20%。

通常，工会筹备组的主要职责是：动员职工加入工会；组织选举会员代表；进行会员代表资格审查；负责组织推选工会委员会委员和主席、副主席候选人；负责组织基层工会选举工作的具体实施；主持召开会员大会或会员代表大会进行选举，推荐一名新当选的委员主持工会委员会第一次全体会议；负责工会筹备期间的其他各项具体工作。一般情况下，工会筹备组成立半年内应当成立工会，上一级工会应加强督查指导，防止筹而不建。

参考规定

1.《全国人民代表大会和地方各级人民代表大会选举法》

第八条　全国人民代表大会常务委员会主持全国人民代表大会代表的选举。省、自治区、直辖市、设区的市、自治州的人民代表大会常务委员会主持本级人民代表大会代表的选举。

不设区的市、市辖区、县、自治县、乡、民族乡、镇设立选举委员会，主持本级人民代表大会代表的选举。不设区的市、市辖区、县、自治县的选举委员会受本级人民代表大会常务委员会的领导。乡、民族乡、镇的选举委员会受不设区的市、市辖区、县、自治县的人民代表大会常务委员会的领导。

省、自治区、直辖市、设区的市、自治州的人民代表大会常务委员会指导本行政区域内县级以下人民代表大会代表的选举工作。

第九条　不设区的市、市辖区、县、自治县的选举委员会的组成人员由本级人民代表大会常务委员会任命。乡、民族乡、镇的选举委员会的组成人员由不设区的市、市辖区、县、自治县的人民代表大会常务委员会任命。

选举委员会的组成人员为代表候选人的，应当辞去选举委员会的职务。

2.《中国共产党地方组织选举工作条例》

第十四条　党的地方各级委员会在代表大会召开前，负责对代表的产生程序和代表资格进行初步审查。代表大会成立的代表资格审查委员会在听取党的委员会的审查情况报告后，提出代表资格审查报告。经大会或大会主席团通过的代表，获得正式资格。

3.《中国共产党基层组织选举工作暂行条例》

第十条　上届党的委员会成立代表资格审查小组，负责对代表的产生程序和资格进行审查。

代表的产生不符合规定程序的，应责成原选举单位重新进行选举；代表不具备资格的，应责成原选举单位撤换。

代表资格审查小组应向党员代表大会预备会议报告审查情况。经审查通过后的代表，获得正式资格。

4.《工会基层组织选举工作条例》

第六条　选举工作在同级党组织和上一级工会领导下进行。未建立党组织的在上一级工会领导下进行。

第七条　基层工会委员会换届选举的筹备工作由上届工会委员会负责。

新建立的基层工会组织选举筹备工作由工会筹备组负责。筹备组成员由同级党组织代表和职工代表组成，根据工作需要，上级工会可以派人参加。

第十一条　［会员代表大会工作机构］

会员代表大会根据需要，可以设立专门工作委员会（小组），负责办理会员代表大会交办的具体事项。

条文主旨

本条是关于会员代表大会设立工作机构的规定。

主要背景

会员代表大会筹备工作的责任主体是基层工会委员会或工会筹备组。基层工会委员会是一个领导机构，工会筹备组临时发挥领导机构的作用。筹备会员代表大会需要完成大量的具体工作，仅靠基层工会委员会或工会筹备组的几个人是无法完成筹备工作的。因此，应成立一些必要的工作机构。从制度设计上，允许基层工会委员会或工会筹备组设立专门的工作委员会（小组），来办理会员代表大会的一些具体事项。

条文解析

本条是对第十条的补充性规定。第十条明确了基层工会会员代表大会的责任主体，本条授权基层工会委员会或工会筹备组根据需要，可以设立具体工作机构，承办会员代表大会的具体事项。所谓“根据需要”，即坚持从实际出发，一般会员人数较少、工作量不大的单位，可以不设立专门工作机构，几个人分工筹备就可以了；会员人数较多、工作量较大的，可以设立专门工作机构。工作机构可以叫作工作委员会，也可以叫作工作小组。一般情况下，可以设立组织宣传委员会（小组）、代表选举委员会（小组）、资格审查委员会（小组）、文件起草委员会（小组）、提案征集委员会（小组）、会务委员会（小组）等。

参考规定

1.《全国人民代表大会和地方各级人民代表大会选举法》

第十条　选举委员会履行下列职责：

（一）划分选举本级人民代表大会代表的选区，分配各选区应选代表的名额；

（二）进行选民登记，审查选民资格，公布选民名单；受理对于选民名单不同意见的申诉，并作出决定；

（三）确定选举日期；

（四）了解核实并组织介绍代表候选人的情况；根据较多数选民的意见，确定和公布正式代表候选人名单；

（五）主持投票选举；

（六）确定选举结果是否有效，公布当选代表名单；

（七）法律规定的其他职责。

选举委员会应当及时公布选举信息。

2.《中国共产党地方组织选举工作条例》

第十四条　党的地方各级委员会在代表大会召开前，负责对代表的产生程序和代表资格进行初步审查。代表大会成立的代表资格审查委员会在听取党的委员会的审查情况报告后，提出代表资格审查报告。经大会或大会主席团通过的代表，获得正式资格。

3.《中国共产党基层组织选举工作暂行条例》

第十条　上届党的委员会成立代表资格审查小组，负责对代表的产生程序和资格进行审查。

代表的产生不符合规定程序的，应责成原选举单位重新进行选举；代表不具备资格的，应责成原选举单位撤换。

代表资格审查小组应向党员代表大会预备会议报告审查情况。经审查通过后的代表，获得正式资格。

第十二条　［会员代表大会的职权］

会员代表大会的职权是：

（一）审议和批准基层工会委员会的工作报告；

（二）审议和批准基层工会委员会经费收支预算决算情况报告、经费审查委员会工作报告；

（三）开展会员评家，评议基层工会开展工作、建设职工之家情况，评议基层工会主席、副主席履行职责情况；

（四）选举和补选基层工会委员会和经费审查委员会组成人员；

（五）选举和补选出席上一级工会代表大会的代表；

（六）罢免其所选举的代表、基层工会委员会组成人员；

（七）讨论决定基层工会其他重大事项。

条文主旨

本条是关于会员代表大会职权的规定。

主要背景

关于会员大会或会员代表大会的职权，原《暂行规定》第十九条规定了五个方面：审议和批准工会基层委员会和经费审查委员会的工作报告；讨论并决定基层工会工作的重大问题；对基层工会领导人进行民主评议和民主测评；选举工会委员会、经费审查委员会，或补选、增选工会委员会、经费审查委员会的成员；选举出席上级工会代表大会的代表。

《工会法》第九条规定了三个方面：选举工会委员会；对工会委员会进行监督；撤换或罢免其所选举的代表或工会委员会组成人员。

《中国工会章程》第二十六条规定了五个方面：审议和批准工会基层委员会的工作报告；审议和批准工会基层委员会的经费收支情况报告和经费审查委员会的工作报告；选举工会基层委员会和经费审查委员会；撤换或者罢免其所选举的代表或者工会委员会组成人员；讨论决定工会工作的重大问题。

《企业工会工作条例》第九条规定了六个方面：审议和批准工会委员会的工作报告；审议和批准工会委员会的经费收支情况报告和经费审查委员会的工作报告；选举工会委员会和经费审查委员会；听取工会主席、副主席的述职报告，并进行民主评议；撤换或者罢免其所选举的代表或者工会委员会组成人员；讨论决定工会工作其他重大问题。

《机关工会工作暂行条例》第十三条第二款规定了七个方面的任务：传达党组织、上级工会的重要指示精神；审议和批准工会委员会工作报告；审议和批准工会委员会的经费收支情况报告和经费审查委员会的工作报告；选举工会委员会、经费审查委员会；讨论决定工会工作的重大问题；公开工会内部事务；民主评议监督工会工作和工会领导人。

仔细梳理上述规定，我们认为，《工会法》作为国家基本法律，从宏观层面原则性规定了会员大会或会员代表大会职权的主要内容。《中国工会章程》等工会内部规范性文件，在《工会法》的基础上，对会员大会或会员代表大会职权从实现形式层面作了进一步的具体化。比如，《工会法》第九条第三款规定："各级工会委员会向同级会员大会或者会员代表大会负责并报告工作，接受其监督。"那么，各级工会委员会怎样向会员大会或会员代表大会报告工作？会员大会或会员代表大会怎样进行监督？为此，《中国工会章程》第二十六条第二款明确了两个实现形式："审议和批准工会基层委员会的工作报告。""审议和批准工会基层委员会的经费收支情况报告和经费审查委员会的工作报告。"《企业工会工作条例》又增加了一个形式："听取工会主席、副主席的述职报告，并进行民主评议。"

但也应清醒地认识到，虽然工会内部规范性文件丰富了会员大会或会员代表大会职权的实现形式，但也存在一些表述不够严谨的地方。比如，《机关工会工作暂行条例》规定的"传达党组织、上级工会的重要指示精神；公开工会内部事务"。可以肯定，这些内容属于工会工作，但是否属于会员大会或会员代表大会的职权，值得商榷。还有，《企业工会工作条例》规定："撤换或者罢免其所选举的代表或者工会委员会组成人员"。哪些情形属于"撤换"？哪些情形属于"罢免"？二者有何区别？"撤"和"罢免"是否存在交叉？"换"和"补选"是否存在交叉？等等。

本条例作为基层工会会员代表大会的专门性文件，应认真研究已有的相关规定，甄别相关内容，借鉴合理表述，吸收实践经验，使会员大会或会员代表大会的职权表述更加完善、更加严谨、更加准确，力求做到与相关规定的衔接配套，经得起实践和历史的检验。

条文解析

在深入研究《工会法》《中国工会章程》等有关规定的基础上，本条对会员代表大会的职权概括为七个方面。下面分别予以分析。

第一，审议和批准基层工会委员会的工作报告。这是会员代表大会的基本职权。基层工会委员会是会员代表大会选举产生的领导机构，应向会员代表大会负责，报告履职情况，接受审议监督。由会员代表大会进行表决，多数会员代表满意的，批准报告，多数会员代表不满意的，不予批准。这也是会员代表大会领导和监督基层工会委员会的基本方式。

第二，审议和批准基层工会委员会经费收支预算决算情况报告、经费审查委员会工作报告。这是会员代表大会的重要职权。基层工会经费收支情况是会员群众普遍关心的问题，基层工会委员会应向会员代表大会报告收缴了多少经费、花了多少、花在了哪些方面、结余多少，是否存在违规违纪问题，等等。会员代表大会就这些问题进行审议，并予以表决。

注意：与其他规定相比，新增加了“预算决算”表述，目的是适应工会财务管理从严的要求，强化工会经费收支的计划性，增强预算决算的约束力。

第三，开展会员评家，评议基层工会开展工作、建设职工之家情况，评议基层工会主席、副主席履行职责情况。会员评家是会员代表大会的重要监督手段。《企业工会工作条例》第九条第（四）项规定：“听取工会主席、副主席的述职报告，并进行民主评议。”《机关工会工作暂行条例》第十三条规定了“民主评议监督工会工作和工会领导人”。2009 年 6 月 24 日，中华全国总工会专门印发了《关于开展会员评议职工之家活动的意见》。综合这些规定，本条例把会员评家正式写入会员代表大会的职权，上升为制度性安排。这是新增加的规定，旨在进一步突出会员的主体地位，落实会员代表大会的监督权。

第四，选举和补选基层工会委员会和经费审查委员会组成人员。这是会员代表大会的重要民主权利。选举是基层工会组织建设的起点，会员代表大会是基层工会的最高领导机构，只有选举产生基层工会委员会和经费审查委员会，基层工会组织才算正式诞生。与《中国工会章程》相比，有两点“小”的变化：一是增加了“补选”，基层工会委员会委员和经费审查委员会委员，都需要在会员代表大会上选举。一般换届大会上的选举称为“选举”，届中个别委员的选举一般被称为“补选”。增加“补选”表述更加完善。二是增加了“组成人员”，会员代表投票选举时，是一个委员一个委员选举的，由当选的委员组成基层工会委员会和经费审查委员会。增加“组成人员”表述更加严谨。

第五，选举和补选出席上一级工会代表大会的代表。这是适应实践需要新增加的一项重要职能。原《暂行规定》第九条规定了会员代表大会有权“选举出席上级会员代表大会的代表”。本条例基本吸收了这一规定，但有两点“小”的完善：一是增加了“补选”，因人员流动、病休、退休等原因，当出席上一级工会代表大会的会员代表空缺时，原选举单位有权补选。增加“补选”表述更加完善。二是把“上级”改为“上一级”，“上级”范围过大，“下一级”会员代表大会只能选举“上一级”的会员代表，而不能跨越“上一级”选举更高一级的会员代表。改为“上一级”的表述更加严谨。

第六，罢免其所选举的代表、基层工会委员会组成人员。这是会员代表大会的重要监督职权。《工会法》第九条第四款规定：“工会会员大会或会员代表大会有权撤换或者罢免其所选举的代表或工会委员会组成人员。”关于这一点，《中国工会章程》《企业工会工作条例》与《工会法》的表述保持了一致。但本条删除了“撤换”表述，理由是，“撤换”包含“撤”和“换”两层含义，“撤”实际上就是“罢免”，“换”实际上就是“补选”。“补选”已经体现在前面的职权中。所以，这里保留“罢免”就足够了。另外，把“所选举的代表或者工会委员会组成人员”改为“所选举的代表、基层工会委员会组成人员”，即把“或者”改为顿号，理由是，罢免所选举的代表和工会委员会组成人员属于并列关系，而不属于选择关系，改为顿号更准确。

第七，讨论决定基层工会其他重大事项。这是一个兜底性表述。指除前面列举的六项职权之外的其他重要事项。基层工会的情况各不相同，列举的前六项属于普遍性事项，各个基层工会可根据具体实际，设置会员代表大会讨论决定其他重大事项。需要注意的是，设置的其他事项必须是工会的内部事项，不能超出本基层工会的职权范围。比如，讨论会员代表的重要提案并形成决议、审议重大事项落实情况的报告、会员代表对关注问题的质询，等等。

注意：与《中国工会章程》第二十六条规定相比，这里增加了“基层”“其他”两词，这样会更加准确。

参考规定

1.《工会法》

第九条　工会各级组织按照民主集中制原则建立。

各级工会委员会由会员大会或者会员代表大会民主选举产生。企业主要负责人的近亲属不得作为本企业基层工会委员会成员的人选。

各级工会委员会向同级会员大会或者会员代表大会负责并报告工作，接受其监督。

工会会员大会或者会员代表大会有权撤换或者罢免其所选举的代表或者工会委员会组成人员。

上级工会组织领导下级工会组织。

2.《中国工会章程》

第二十六条第二款　工会会员大会或者会员代表大会的职权是：

（一）审议和批准工会基层委员会的工作报告。

（二）审议和批准工会基层委员会的经费收支情况报告和经费审查委员会的工作报告。

（三）选举工会基层委员会和经费审查委员会。

（四）撤换或者罢免其所选举的代表或者工会委员会组成人员。

（五）讨论决定工会工作的重大问题。

第四十条　各级工会委员会按照规定编制和审批预算、决算，定期向会员大会或者会员代表大会和上一级工会委员会报告经费收支和资产管理情况，接受上级和同级工会经费审查委员会审查监督。

3.《企业工会工作条例》

第九条　会员大会或会员代表大会的职权：

（一）审议和批准工会委员会的工作报告。

（二）审议和批准工会委员会的经费收支情况报告和经费审查委员会的工作报告。

（三）选举工会委员会和经费审查委员会。

（四）听取工会主席、副主席的述职报告，并进行民主评议。

（五）撤换或者罢免其所选举的代表或者工会委员会组成人员。

（六）讨论决定工会工作其他重大问题。

第十二条　企业工会委员会是会员大会或会员代表大会的常设机构，对会员大会或会员代表大会负责，接受会员监督。在会员大会或会员代表大会闭会期间，负责日常工作。

第十九条　坚持群众化、民主化，实行会务公开。凡涉及会员群众利益的重要事项，须经会员大会或会员代表大会讨论决定；工作计划、重大活动、经费收支等情况接受会员监督。

第四十九条　工会经费审查委员会代表会员群众对工会经费收支和财产管理进行审查监督。

建立经费预算、决算和经费审查监督制度，经费收支情况接受同级工会经费审查委员会审查，接受上级工会审计，并定期向会员大会或会员代表大会报告。

4.《机关工会工作暂行条例》

第十三条　机关工会每年至少召开一次会员大会或者会员代表大会。经机关工会委员会或者三分之一以上会员提议，可以临时召开会议。会员在一百人以下的应当召开会员大会。

会员大会和会员代表大会的主要任务是：传达党组织、上级工会的重要指示精神；审议和批准工会委员会工作报告；审议和批准工会委员会的经费收支情况报告和经费审查委员会的工作报告；选举工会委员会、经费审查委员会；讨论决定工会工作的重大问题；公开工会内部事务；民主评议监督工会工作和工会领导人。

会员代表大会代表实行常任制，任期与工会委员会相同。

第三章　会员代表

本章旨在明确关于会员代表的若干具体问题，主要包括：怎样选举会员代表、劳务派遣工会员民主权利的行使、会员代表应具备的条件、会员代表的职责、怎样发挥会员代表作用、会员代表身份的自然终止情形、罢免会员代表的情形和程序、怎样补选会员代表等内容。

第十三条　［会员代表产生方式］

会员代表应由会员民主选举产生，不得指定会员代表。劳务派遣工会员民主权利的行使，如用人单位工会与用工单位工会有约定的，依照约定执行；如没有约定或约定不明确的，在劳务派遣工会员会籍所在工会行使。

条文主旨

本条是关于谁来选举会员代表、劳务派遣工会员民主权利怎样行使的规定。

主要背景

会员代表选举，涉及谁来选举会员代表、会员代表应具备的条件、划分选举单位、分配代表名额、选举有效的条件、是否差额及差额多少、代表资格审查等诸多环节。会员代表选举是组成会员代表大会的首要环节，至关重要，这关系到会员代表大会的结构是否合理、是否真正代表会员群众、是否具有权威性。

仅就谁来选举会员代表这一问题，现实中可谓乱象不少，比如，有的不经会员群众充分酝酿，临时提名人选，让会员群众举手表决；有的搞形式走过场，让会员群众在名单上画钩；有的搞竞争拉选票，使不符合条件的人当选为会员代表；有的随意限制甚至剥夺会员的民主权利，使有的会员无法参加选举会议；特别是有的基层工会以组织或个人的名义随意指定会员代表，会员群众并不知情。凡此种种怪象，导致会员代表大会的代表性和权威性受到不少质疑。

还有一个特殊情况，劳务派遣用工问题。2008 年施行的《劳动合同法》对劳务派遣用工制度作出专门规定。劳务派遣用工是一种新型劳动用工形式，也是一种补充用工形式，只能在临时性、辅助性或者替代性的工作岗位上实施。一般，劳动合同用工涉及两方主体，而劳务派遣用工涉及三方主体：劳动者、劳务派遣单位和用工单位。这种用工形式的特殊性在于，劳动者与劳务派遣单位签订劳动合同，建立劳动合同关系，但劳动者被派遣到用工单位实施劳动，劳动者与用工单位建立用工关系。劳务派遣单位与用工单位建立民事关系。这种用工方式的突出特点，可简单地概括为，有关系没劳动，有劳动没关系。

虽然《劳动合同法》第六十四条规定：“被派遣劳动者有权在劳务派遣单位或者用工单位依法参加或者组织工会，维护自身合法权益。”但由于劳务派遣用工的特殊性，现实中，一些劳务派遣单位与用工单位相互推诿，致使相当数量的劳务派遣工加入工会的权利难以落实。

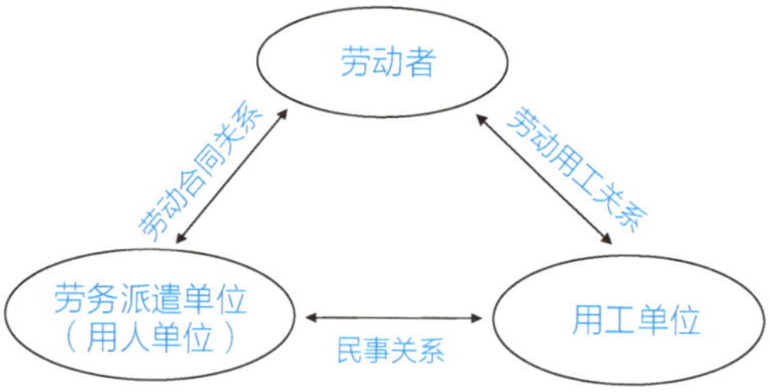

劳务派遣用工关系图

为破解这一现实难题，2009 年 4 月 30 日，中华全国总工会印发的《关于组织劳务派遣工加入工会的规定》明确了四个重要问题：

一是劳务派遣工应首先选择参加劳务派遣单位工会，劳务派遣单位工会委员中应有相应比例的劳务派遣工会员作为委员成员。劳务派遣单位没有建立工会组织的，劳务派遣工有权直接参加用工单位工会。

二是在劳务派遣工会员接受派遣期间，劳务派遣单位工会可以委托用工单位工会代管。劳务派遣单位工会与用工单位工会可以签订委托管理协议，明确双方对会员组织活动、权益维护等方面的责任与义务。

三是劳务派遣工的工会经费应由用工单位按劳务派遣工工资总额的百分之二提取并拨付劳务派遣单位工会，属于应上缴上级工会的经费，由劳务派遣单位工会按规定比例上缴。用工单位工会接受委托管理劳务派遣工会员的，工会经费留用部分怎样使用，由劳务派遣单位工会和用工单位工会协商确定。

四是劳务派遣工会员人数由会籍所在单位统计。加入劳务派遣单位工会的，包括委托用工单位管理的劳务派遣工会员，由劳务派遣单位工会统计，直接加入用工单位工会的由用工单位工会统计。

但关于劳务派遣工民主权利的行使问题，没有明确或者说明确得不够具体，致使劳务派遣工民主权利的行使也遭遇现实困境和制度障碍。全国大约有 3600 万劳务派遣工，这是一个庞大的劳动群体，他们的权益问题受到社会广泛关注，各级工会普遍要求予以规范。所以，本条例回应社会关切，对劳务派遣工会员民主权利的行使问题作出了明确规定。

条文解析

本条明确了会员代表产生的一般方式，对劳务派遣工会员如何行使民主权利，作出了特别规定，确保劳务派遣工会员民主权利落地。分两个层次理解本条规定的含义。

第一，会员代表应由会员民主选举产生，不得指定会员代表。这是一个原则性的规定，旨在强调应充分尊重会员民主权利，由会员群众以无记名投票方式民主选举产生会员代表。而不能采取其他方式，比如，鼓掌、表决、微信、电子邮件等，更不能强迫民意，指定会员代表。

第二，劳务派遣工会员民主权利的行使，如用人单位工会与用工单位工会有约定的，依照约定执行；如没有约定或约定不明确的，在劳务派遣工会员会籍所在工会行使。这是本条例的一大亮点，这一规定不是凭空设计的，是根据劳务派遣用工的特点和已有的规定，经深入思考而制定的。理解这一规定的含义，应首先弄明白以下三个问题：

一是会员的会籍与会员的劳动关系（工作）之间的关系。所谓会籍，是指劳动者具有工会会员资格，是确认工会会员组织关系的依据。2016 年，中华全国总工会印发的《工会会员会籍管理办法》第三条规定："工会会员会籍管理，随劳动（工作）关系流动而变动，会员劳动（工作）关系在哪里，会籍就在哪里，实行一次入会、动态接转。"也就是说，会员劳动关系（工作）在哪里，会籍就应在哪里。

二是会员的权利义务与会员的劳动（工作）关系之间的关系。众所周知，A 单位会员和 B 单位会员都是中华全国总工会的会员，但 A 单位会员不能到 B 单位工会行使权利，同样，B 单位会员也不能到 A 单位工会行使权利。为什么？因为 A 单位会员是与 A 单位建立劳动（工作）关系，B 单位会员是与 B 单位建立劳动（工作）关系。所以，会员的权利义务与会员的劳动（工作）关系密切相关。

三是劳务派遣工会员的权益落地是可以约定的。根据 2009 年 4 月 30 日中华全国总工会印发的《关于组织劳务派遣工加入工会的规定》，劳务派遣工会员接受派遣期间，劳务派遣单位工会可以委托用工单位工会代管。劳务派遣单位工会与用工单位工会可以签订委托管理协议，明确双方对会员组织活动、权益维护等方面的责任与义务。选举权、被选举权和表决权属于劳务派遣工会员的民主权利，是劳务派遣工会员权益的重要组成部分，为让这一权益落地，自然可以在委托管理协议中予以约定。

弄明白了以上三个问题，我们可以得出这样的结论：一般情况下，劳务派遣工会员民主权利以其会籍为准；如果劳务派遣单位工会与用工单位工会签订的委托管理协议中，对劳务派遣工会员民主权利的行使有约定的，按照约定执行。

基于上述分析，本规定的具体理解是，如果劳务派遣单位工会与用工单位工会签订了委托管理协议，在委托管理协议中，对劳务派遣工会员民主权利的行使有约定的，按照约定执行。如果没有约定或约定不明的，可以重新约定，约定不成的，以会员的会籍为准。

这一规定的基本逻辑是，以会籍为准属于一般规定，以约定为准属于特殊规定，特殊规定优先于一般规定。没有特殊约定的，再回到一般规定，即以会员会籍为准。

参考规定

1.《劳动合同法》

第五十八条　劳务派遣单位是本法所称用人单位，应当履行用人单位对劳动者的义务。劳务派遣单位与被派遣劳动者订立的劳动合同，除应当载明本法第十七条规定的事项外，还应当载明被派遣劳动者的用工单位以及派遣期限、工作岗位等情况。

劳务派遣单位应当与被派遣劳动者订立二年以上的固定期限劳动合同，按月支付劳动报酬；被派遣劳动者在无工作期间，劳务派遣单位应当按照所在地人民政府规定的最低工资标准，向其按月支付报酬。

第五十九条　劳务派遣单位派遣劳动者应当与接受以劳务派遣形式

用工的单位（以下称用工单位）订立劳务派遣协议。劳务派遣协议应当约定派遣岗位和人员数量、派遣期限、劳动报酬和社会保险费的数额与支付方式以及违反协议的责任。

用工单位应当根据工作岗位的实际需要与劳务派遣单位确定派遣期限，不得将连续用工期限分割订立数个短期劳务派遣协议。

第六十四条　被派遣劳动者有权在劳务派遣单位或者用工单位依法参加或者组织工会，维护自身的合法权益。

第六十六条　劳动合同用工是我国的企业基本用工形式。劳务派遣用工是补充形式，只能在临时性、辅助性或者替代性的工作岗位上实施。

2.《劳动合同法实施条例》

第三十条　劳务派遣单位不得以非全日制用工形式招用被派遣劳动者。

3.《劳务派遣暂行规定》

第三条　用工单位只能在临时性、辅助性或者替代性的工作岗位上使用被派遣劳动者。

前款规定的临时性工作岗位是指存续时间不超过6个月的岗位；辅助性工作岗位是指为主营业务岗位提供服务的非主营业务岗位；替代性工作岗位是指用工单位的劳动者因脱产学习、休假等原因无法工作的一定期间内，可以由其他劳动者替代工作的岗位。

用工单位决定使用被派遣劳动者的辅助性岗位，应当经职工代表大会或者全体职工讨论，提出方案和意见，与工会或者职工代表平等协商确定，并在用工单位内公示。

第四条　用工单位应当严格控制劳务派遣用工数量，使用的被派遣劳动者数量不得超过其用工总量的10%。

前款所称用工总量是指用工单位订立劳动合同人数与使用的被派遣

劳动者人数之和。

计算劳务派遣用工比例的用工单位是指依照劳动合同法和劳动合同法实施条例可以与劳动者订立劳动合同的用人单位。

4.《工会会员会籍管理办法》

第九条　劳务派遣工可以在劳务派遣单位加入工会，也可以在用工单位加入工会。劳务派遣单位没有建立工会的，劳务派遣工在用工单位加入工会。

在劳务派遣工会员接受派遣期间，劳务派遣单位工会可以与用工单位工会签订委托管理协议，明确双方对会员组织活动、权益维护等方面的责任与义务。

加入劳务派遣单位工会（含委托用工单位管理）的会员，其会籍由劳务派遣单位工会管理。加入用工单位工会的会员会籍由用工单位工会管理。

第十四条　［会员代表具备条件］

会员代表应具备以下条件：

（一）工会会员，遵守工会章程，按期缴纳会费；

（二）拥护党的领导，有较强的政治觉悟；

（三）在生产、工作中起骨干作用，有议事能力；

（四）热爱工会工作，密切联系职工群众，热心为职工群众说话办事；

（五）在职工群众中有一定的威信，受到职工群众信赖。

条文主旨

本条是关于会员代表应具备条件的规定。

主要背景

会员代表是代表会员群众的，当选会员代表应具备一定的条件。关于会员代表的条件，除原《暂行规定》外，其他规范性文件都没有规定。原《暂行规定》第一条规定："基层工会会员代表大会代表应具备以下条件：本人为中国工会会员；坚持党的基本路线；在生产、工作中起骨干作用，有一定的议事能力；热心为会员群众说话办事，在会员群众中有一定的威信。"这一规定为基层工会选举会员代表提供了基本遵循，比较符合基层实际。但有的地方落实这一规定还存在不少问题：一是会员身份问题，普遍缺乏会员意识，大家只顾会员选举代表，而不问是否具有会员身份，导致个别会员代表竟然不是工会会员；二是政治觉悟问题，有的会员代表缺乏政治意识，对党的基本路线方针政策不了解，对工会性质与职能不清楚；三是履职能力问题，相当部分的会员代表只是大家心目中的"老好人"，缺乏调查研究、分析判断、表达问题等参政议政能力；四是代表性问题，有的会员代表在生产工作中表现平平，只是能说会道，所谓的"能人"而已，缺乏群众基础，先进性、代表性不明显。

条文解析

本条从会员意识、政治觉悟、议事能力、工作作风、群众基础等五个方面对会员代表具备的条件作出了规定。

第一，工会会员，遵守工会章程，按期缴纳会费。这是一个底线性规定，当选会员代表至少必须具备两个起码的条件：一是必须是工会会员，非工会会员是绝对不能当选会员代表的。不能以各种理由让非会员"当选"会员代表，如果"当选"，应当被否决。二是必须具有会员意识，能够遵守工会章程，履行会员义务。《中国工会章程》规定的会员义务有六个方面，模范遵守这六个方面的，才具备当选会员代表的条件。其中，最低的要求是按期缴纳会费，如果连最低要求都做不到，很难说是一名合格的会员。之所以写明“按期缴纳会费”，是因为通过会员缴纳会费情况，能够最容易、最直接识别会员是否具有会员意识。

第二，拥护党的领导，有较强的政治觉悟。这是关于政治方面的要求，工会首先是政治性组织，对会员代表当然要有政治方面的要求。最起码的要求是应当拥护党的领导，坚持中国特色社会主义道路，绝不允许反对党的领导、否定社会主义制度的人当选会员代表，这一点必须旗帜鲜明。当然，工会也是一个群众性组织，对基层工会而言，普通会员毕竟不同于党员，对会员代表的政治性既要有要求，但也不能要求过高。所以，本规定写的是“有较强”的政治觉悟，其用意即在于此。

第三，在生产、工作中起骨干作用，有议事能力。这是关于会员代表应具备先进性和议事能力的规定。会员代表大会是基层工会的最高领导机构，决定基层工会的重大事项，选举基层工会的领导机构，对基层工会领导机构和组成人员进行监督，这要求会员代表必须具备一定的先进性和议事能力，否则就无法履行会员代表的职责。会员代表应具备一定的先进性，这主要体现在，能够在生产、工作中起骨干作用，走在群众的前列，发挥示范带动作用。如果在生产、工作中表现平平，甚至落后于大多数会员，这样的人当选会员代表就缺乏先进性。同时，会员代表还要具有一定的议事能力，即具备一定的政策理论、调查研究、善于表达的能力，能够代表会员表达诉求、参与决策、进行监督。应当注意，不能把会员代表当成一种荣誉，要纠正那种选举“老好人”当会员代表的错误观念和不当做法。

第四，热爱工会工作，密切联系职工群众，热心为职工群众说话办事。这是关于工作作风的规定。工会是职工自愿结合的群众性组织，会员代表就在职工群众身边，不能高高在上，脱离广大职工，而应眼睛向下，始终与职工群众打成一片。工会是职工群众自己的组织，要热爱工会工作，密切联系职工群众，热心为职工群众说话办事。只有这样，会员代表才能感知职工群众甘苦冷暖、才能了解职工群众所思所盼、才能代表职工群众奔走呼唤、才能赢得广大职工群众的信任爱戴。

第五，在职工群众中有一定的威信，受到职工群众信赖。这是关于会员代表道德品质和群众基础的规定。会员代表是代表会员群众的，这要求会员代表为人要正派、处事要公道、待人要真诚。能够自觉遵守国家法律法规，自觉践行社会主义核心价值观，模范遵守和弘扬社会公德、家庭美德和职业道德，团结群众、乐于助人、甘于奉献。这样的会员，会员群众才会信赖你、选举你。

参考规定

1.《全国人民代表大会和地方各级人民代表大会选举法》

第三条　中华人民共和国年满十八周岁的公民，不分民族、种族、性别、职业、家庭出身、宗教信仰、教育程度、财产状况和居住期限，都有选举权和被选举权。

依照法律被剥夺政治权利的人没有选举权和被选举权。

2.《中国共产党地方组织选举工作条例》

第八条　代表应是共产党员中的优秀分子，能够认真贯彻执行党的基本路线和方针、政策，按党性原则办事，严守党的纪律，有一定的议事能力。

3.《中国共产党基层组织选举工作暂行条例》

第五条　正式党员有表决权、选举权、被选举权。受留党察看处分的党员在留党察看期间没有表决权、选举权和被选举权；预备党员没有表决权、选举权和被选举权。

第六条　选举应尊重和保障党员的民主权利，充分发扬民主，体现选举人的意志。任何组织和个人不得以任何方式强迫选举人选举或不选举某个人。

4.《中国工会章程》

第三条　会员享有以下权利：

（一）选举权、被选举权和表决权。

（二）对工会工作进行监督，提出意见和建议，要求撤换或者罢免不称职的工会工作人员。

（三）对国家和社会生活问题及本单位工作提出批评与建议，要求工会组织向有关方面如实反映。

（四）在合法权益受到侵犯时，要求工会给予保护。

（五）工会提供的文化、教育、体育、旅游、疗休养、互助保障、生活救助、法律服务、就业服务等优惠待遇；工会给予的各种奖励。

（六）在工会会议和工会媒体上，参加关于工会工作和职工关心问题的讨论。

第四条　会员履行下列义务：

（一）认真学习贯彻习近平新时代中国特色社会主义思想，学习政治、经济、文化、法律、科学、技术和工会基本知识等。

（二）积极参加民主管理，努力完成生产和工作任务，立足本职岗位建功立业。

（三）遵守宪法和法律，践行社会主义核心价值观，弘扬中华民族传统美德，恪守社会公德、职业道德、家庭美德、个人品德，遵守劳动纪律。

（四）正确处理国家、集体、个人三者利益关系，向危害国家、社会利益的行为作斗争。

（五）维护中国工人阶级和工会组织的团结统一，发扬阶级友爱，搞好互助互济。

（六）遵守工会章程，执行工会决议，参加工会活动，按月交纳会费。

第十五条　［选举单位划分］

会员代表的选举，一般以下一级工会或工会小组为选举单位进行，两个以上会员人数较少的下一级工会或工会小组可作为一个选举单位。

会员代表由选举单位会员大会选举产生。规模较大、管理层级较多的单位，会员代表可由下一级会员代表大会选举产生。

条文主旨

本条是关于划分选举单位的规定。

主要背景

本条例第十三条已经规定，会员代表由会员民主选举产生，这是必须坚持的原则。实践中怎样操作呢？由全体会员来选举，还是划分选区，由选区内的会员来选举？本条例第三条已经规定，只有会员 100 人以上的基层工会才能召开会员代表大会，这样的用人单位内部一般设两个或三个管理层级，也许设更多层级。虽在同一个用人单位工作，但因工作岗位、工作职责不同，很多人往来不多，相互之间并不了解，让全体会员来选举会员代表，不仅不现实，也没有多大意义。因此，可行的办法就是合理划分选区，分配代表名额，由同一选举区内相互熟悉的会员来选举会员代表。

另外，规模较大、管理层级较多的基层工会，比如上万名会员的基层工会，可能二级甚至三级工会召开的也是会员代表大会，让二级甚至三级工会的全体会员选举上一级会员代表，同样面临会员之间相互不熟悉的问题。怎么解决这一问题呢？原《暂行规定》第四条规定，“大型企事业单位工会会员代表大会的代表，可以由所属单位工会代表大会选举产生”。这一规定限定的主体是大型企业工会和事业单位工会，而会员人数较多的其他组织的基层工会却无从遵循。对现实中的这些问题，应在制度设计上予以明确，做到既要体现民主选举的原则要求，又要符合基层实际，便于基层工会操作。

条文解析

本条对划分选举单位作出了一般性的规定，同时，对规模较大、管理层级较多的基层工会作出了特别规定。

第一，会员代表的选举，一般以下一级工会或工会小组为选举单位进行。这是划分选举单位的一般性规定，一般以下一级工会为一个选举单位，如果一个基层工会下面直接设立的是工会小组，就以一个工会小组为一个选举单位。

第二，两个以上会员人数较少的下一级工会或工会小组可作为一个选举单位。这是对前一种情况的补充性规定。主要考虑的是，会员人数较少的下一级工会或工会小组，按会员人数计算，比如，有的可能分配不到 1 个会员代表名额，有的可能分配 1 个不够，分配 2 个又多了，如果两个合在一起作为一个选举单位，有可能凑成整数。当然，分配名额只能做到大致合理，不可能做到绝对公平。注意，“两个以上”包括两个。

第三，会员代表由选举单位会员大会选举产生。这是会员代表产生的法定方式。划分选举单位、分配名额后，应召开选举单位会员大会，由选举单位全体会员进行无记名投票，按照差额比例，选举产生会员代表，这是法定方式。而不能以各种理由，采取举手表决、个别征求意见、微信回复、电子邮件、研究决定，甚至任意指定等其他方式。采取其他方式产生的所谓“代表”是无效的。

第四，规模较大、管理层级较多的单位，会员代表可由下一级会员代表大会选举产生。这是针对特殊情况作出的特别规定，对规模较大、管理层级较多的单位，可采取间接选举会员代表的方式。一般情况是，由选举单位会员大会选举会员代表。但规模较大、管理层级较多的单位，可由下一级会员代表大会选举产生上一级会员代表。当然，也可采取会员大会选举会员代表的方式，所以，这里写的是“可”，意在明确，由基层工会根据实际来选择。主要考虑的是，给规模较大、管理层级较多的单位多一种选择的可能，由基层工会结合自身实际，作出合理的决定。这里的“单位”，指所有的用人单位，不限于企业、事业单位。

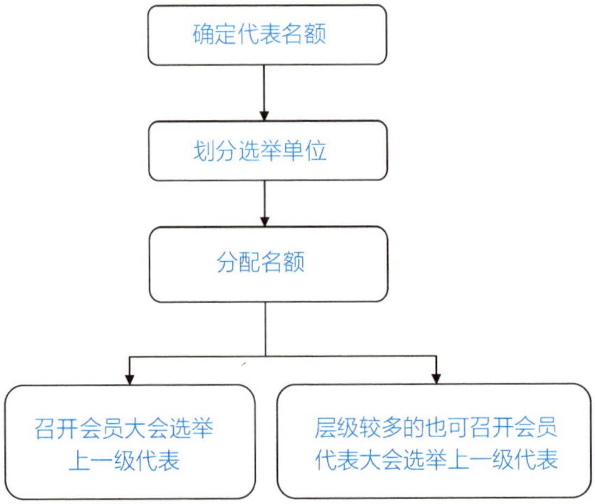

另外，这里特别说明三个具体问题，帮助读者理解：

一是关于“下一级工会”。本条例写的是“下一级工会”，而没有写“所属单位工会”，也没有写“工会分会”，这里有必要作出解释。《暂行规定》写的是“所属单位工会”，当基层工会只有两个层级时，所属单位工会指的是第二个层级的工会，这种情况下不会产生歧义。而当基层工会设三个、四个层级时，所属单位工会到底指的是哪一层级工会？容易产生歧义。因此，本条例写的是“下一级工会”。

二是关于“工会分会”。“工会分会”一词，第一次出现是在2006年中华全国总工会印发的《企业工会工作条例》中，该条例第十六条规定："企业生产车间、班组建立工会分会、工会小组，会员民主选举工会主席、工会小组长，组织开展工会活动。"此后，"工会分会"一词出现在《企业工会主席产生办法（试行）》《机关工会工作暂行条例》等多个工会规范性文件中，各地也普遍这样称呼。而且还"创造"出了许多新的工会名称，比如，"分会""支会""工会支会""分支会"，等等。

那么，工会名称到底应该怎样称呼，在此顺便予以澄清。《工会法》第九条明确规定，工会各级组织的法定名称是工会委员会。《中国工会章程》第三十条规定："工会基层委员会根据工作需要，可以在分厂、车间（科室）建立分厂、车间（科室）工会委员会。分厂、车间（科室）工会委员会由分厂、车间（科室）会员大会或者会员代表大会选举产生，任期和工会基层委员会相同。工会基层委员会和分厂、车间（科室）委员会，可以根据需要设若干专门委员会或者专门小组。按照生产（行政）班组建立工会小组，民主选举工会小组长，积极开展工会小组活动。"根据这一规定，《中国工会章程》对二级单位成立的工会也称工会委员会，在班组一级建立的工会称为"工会小组"。同时，《中国工会章程》在第十二条、第二十二条还增加规定，允许县级以上地方总工会设立"派出机关"，但没有明确派出机关具体名称，实践中一般称"工会工作委员会"。从以上规定可知，《工会法》《中国工会章程》中并没有出现"工会分会""分工会""支会""分支会"等名称。笔者无意小题大做，也不是吹毛求疵，只是以为，工会组织是党领导的政治组织，不同于一般的民间组织，其名称具有法定性，这是一个严肃的政治问题，涉及工会组织的规范性、权威性，应以《工会法》《中国工会章程》为基本依据，不能想当然，随意给工会组织起名称，这样显得很不严肃。

三是关于上一级会员代表候选人。实践中，常有人会问，选举上一级会员代表大会的代表是否必须从本级会员代表中产生？原《暂行规定》第九条规定："选举出席上级工会代表大会代表时，其代表候选人不限于各该级工会代表或会员。"本条例没有作出类似的规定。怎么把握呢？既然没有规定，可以理解为，当下一级会员代表大会选举上一级工会会员代表时，对候选人是没有限定范围的。实际工作中就不能任意限定人选，候选人可以是本级会员代表，也可以不是本级会员代表。比如，基层工会领导机构某一候选人，虽不是下一级工会会员代表大会的代表，但可以作为本级工会会员代表候选人，其代表身份由下一级工会会员代表大会来选举。再比如，劳务派遣工会员，会籍可以在本级工会，也可以不在本级工会，如会籍在本级工会的，有资格当选为本级会员代表；如会籍不在本级工会而在上一级工会的，虽没有资格当选本级会员代表，但有资格当选上一级会员代表大会代表。

参考规定

1.《全国人民代表大会和地方各级人民代表大会选举法》

第二条　全国人民代表大会的代表，省、自治区、直辖市、设区的市、自治州的人民代表大会的代表，由下一级人民代表大会选举。

不设区的市、市辖区、县、自治县、乡、民族乡、镇的人民代表大会的代表，由选民直接选举。

第二十四条　不设区的市、市辖区、县、自治县、乡、民族乡、镇的人民代表大会的代表名额分配到选区，按选区进行选举。选区可以按居住状况划分，也可以按生产单位、事业单位、工作单位划分。

选区的大小，按照每一选区选一名至三名代表划分。

第二十五条　本行政区域内各选区每一代表所代表的人口数应当大体相等。

2.《中国共产党地方组织选举工作条例》

第四条　党的地方各级代表大会代表，委员会委员、候补委员、常务委员会委员，纪律检查委员会委员、常务委员会委员实行差额选举。

党的地方各级委员会和纪律检查委员会书记、副书记实行等额选举。

第十二条　党的地方各级代表大会代表候选人的差额比例，不少于20%。

第十三条　代表产生的程序：

（一）选举单位按照分配的名额，采用自下而上的方式提名，经过充分酝酿协商，根据多数党组织或多数党员的意见提出代表候选人初步人选；

（二）选举单位对候选人初步人选进行考察；

（三）选举单位召开党的委员会全体会议确定代表候选人预备人选，报召开代表大会的党的委员会审查；

（四）选举单位召开党员大会或代表大会或代表会议，对候选人预备人选进行充分酝酿，根据多数选举人的意见确定候选人，进行选举，选出的代表报召开代表大会的党的委员会审批。

3.《中国共产党基层组织选举工作暂行条例》

第七条　党员代表大会的代表应能反映本选举单位的意见，代表党员的意志。

代表的名额一般为100名至200名，最多不超过300名。其具体名额由召集代表大会的党组织按照有利于党员了解和直接参与党内事务，有利于讨论决定问题的原则确定，报上级党组织批准。

代表名额的分配根据党员人数和代表具有广泛性的原则确定。

第九条　代表候选人由选举单位组织全体党员酝酿提名，根据多数人的意见确定，提交党员大会或党员代表大会进行选举。

第十条　上届党的委员会成立代表资格审查小组，负责对代表的产生程序和资格进行审查。

代表的产生不符合规定程序的，应责成原选举单位重新进行选举；代表不具备资格的，应责成原选举单位撤换。

代表资格审查小组应向党员代表大会预备会议报告审查情况。经审查通过后的代表，获得正式资格。

4.《中国工会章程》

第三十条　工会基层委员会根据工作需要，可以在分厂、车间（科室）建立分厂、车间（科室）工会委员会。分厂、车间（科室）工会委员会由分厂、车间（科室）会员大会或者会员代表大会选举产生，任期和工会基层委员会相同。

工会基层委员会和分厂、车间（科室）委员会，可以根据需要设若干专门委员会或者专门小组。

按照生产（行政）班组建立工会小组，民主选举工会小组长，积极开展工会小组活动。

第十六条　［会员代表差额比例］

选举单位按照基层工会确定的代表候选人名额和条件，组织会员讨论提出会员代表候选人，召开有三分之二以上会员或会员代表参加的大会，采取无记名投票方式差额选举产生会员代表，差额率不低于15%。

条文主旨

本条是关于会员代表候选人怎样产生、至少参会人数、怎样投票、候选人差额比例的规定。

主要背景

选举必然涉及候选人的条件和名额，怎样确定候选人是选举的一个关键环节。实践中，有的基层工会不设候选人，由广大会员进行“海选”，得票多的作为候选人；有的由个别领导指定候选人，然后让广大会员表决；有的临时提议，让大家鼓掌通过。正式选举时，有的参会人员不符合法定人数；有的不进行无记名投票，搞赞成的请举手，甚至个别单位还搞不赞成的请举手；有的搞等额选举或表决。凡此种种乱象，损害了广大会员的民主权利，损害了会员代表大会的代表性、权威性，给基层工会建设埋下了隐患。规范基层工会建设，首先要从选举会员代表抓起，严格每一道程序，确保公开、公正、公平，让会员的民主权利落实到每一个环节。

条文解析

本条是关于程序的规定，明确会员代表候选人怎样产生，召开会员大会或会员代表大会至少应多少人参会，采取什么方式选举，候选人差额比例是多少等具体问题。理解本条规定，应把握以下三个环节。

第一，选举单位按照基层工会确定的代表候选人名额和条件，组织会员讨论提出会员代表候选人。这一规定明确会员代表候选人应以公开民主的方式酝酿产生，而不能“关门”由“少数人”指定“少数人”的方式产生。应根据分配的名额数和会员代表条件，召开会员大会或者会员代表大会，进行充分讨论，根据大多数会员或会员代表的意见，提出代表候选人名单。

第二，召开有三分之二以上会员或会员代表参加的大会。这是一个底线规定，参会人数不得少于应参会人数的三分之二，少于三分之二的，决定的任何事项都是无效的。当以应参会人数的三分之二比例计算出的人数不是整数时，小数点后的数应进位为1，而不能四舍五入。比如，应参会人数为98名，以三分之二比例计算的结果是65.333，0.333

应进位为1，即参会人数至少为66名。

第三，采取无记名投票方式差额选举产生会员代表，差额率不低于15%。选举会员代表应以无记名投票方式选举产生，不能以举手表决，更不能以鼓掌方式通过；应差额选举，不能等额选举，差额比例不得低于15%。原《暂行规定》第五条规定："基层工会会员代表大会代表，一律采取无记名投票方式差额选举产生。"但没有明确差额比例。本条例明确差额率不低于15%，只能等于或高于15%，而不能低于15%。比如，选举10名会员代表，候选人至少得12名。

参考规定

1.《全国人民代表大会和地方各级人民代表大会选举法》

第三十条　全国和地方各级人民代表大会代表实行差额选举，代表候选人的人数应多于应选代表的名额。

由选民直接选举人民代表大会代表的，代表候选人的人数应多于应选代表名额三分之一至一倍；由县级以上的地方各级人民代表大会选举上一级人民代表大会代表的，代表候选人的人数应多于应选代表名额五分之一至二分之一。

第四十四条　在选民直接选举人民代表大会代表时，选区全体选民的过半数参加投票，选举有效。代表候选人获得参加投票的选民过半数的选票时，始得当选。

县级以上的地方各级人民代表大会在选举上一级人民代表大会代表时，代表候选人获得全体代表过半数的选票时，始得当选。

获得过半数选票的代表候选人的人数超过应选代表名额时，以得票多的当选。如遇票数相等不能确定当选人时，应当就票数相等的候选人再次投票，以得票多的当选。

获得过半数选票的当选代表的人数少于应选代表的名额时，不足的名额另行选举。另行选举时，根据在第一次投票时得票多少的顺序，按照本法第三十条规定的差额比例，确定候选人名单。如果只选一人，候选人应为二人。

依照前款规定另行选举县级和乡级的人民代表大会代表时，代表候选人以得票多的当选，但是得票数不得少于选票的三分之一；县级以上的地方各级人民代表大会在另行选举上一级人民代表大会代表时，代表候选人获得全体代表过半数的选票，始得当选。

2.《中国共产党地方组织选举工作条例》

第四条　党的地方各级代表大会代表，委员会委员、候补委员、常务委员会委员，纪律检查委员会委员、常务委员会委员实行差额选举。

党的地方各级委员会和纪律检查委员会书记、副书记实行等额选举。

第五条　选举应充分发扬民主，尊重和保障选举人的民主权利，体现选举人的意志。任何组织和个人不得以任何方式强迫选举人选举或不选举某个人。

第六条　选举采用无记名投票方式。

第七条　选举可以直接采用候选人数多于应选人数的差额选举办法进行正式选举；也可以先采用差额选举办法进行预选，产生候选人名单，然后进行正式选举。

3.《中国共产党基层组织选举工作暂行条例》

第八条　代表候选人数应多于应选人数的20%。

第九条　代表候选人由选举单位组织全体党员酝酿提名，根据多数人的意见确定，提交党员大会或党员代表大会进行选举。

第十条　上届党的委员会成立代表资格审查小组，负责对代表的产生程序和资格进行审查。

代表的产生不符合规定程序的，应责成原选举单位重新进行选举；

代表不具备资格的，应责成原选举单位撤换。

代表资格审查小组应向党员代表大会预备会议报告审查情况。经审查通过后的代表，获得正式资格。

4.《中国工会章程》

第十条　工会各级代表大会的代表和委员会的产生，要充分体现选举人的意志。候选人名单，要反复酝酿，充分讨论。选举采用无记名投票方式，可以直接采用候选人数多于应选人数的差额选举办法进行正式选举，也可以先采用差额选举办法进行预选，产生候选人名单，然后进行正式选举。任何组织和个人，不得以任何方式强迫选举人选举或不选举某个人。

第十七条　［会员代表资格审查］

会员代表候选人，获得选举单位全体会员过半数赞成票时，方能当选；由下一级会员代表大会选举时，其代表候选人获得应到会代表人数过半数赞成票时，方能当选。

条文主旨

本条是关于会员代表候选人在什么条件下当选会员代表的规定。

主要背景

会员代表候选人怎样才算当选会员代表，必须有一个明确的判断标准，如果没有标准，必然产生混乱。比如，以得赞成票多少排序，得票多的当选，这是一种相对多数，以这样的标准选出的代表，其代表性不够强；如以得赞成票 90% 以上为标准，虽然保证了代表性，但现实中往往难以做到。所以设定当选标准，既要考虑代表性，也要兼顾可行性。原《暂行规定》第七条规定："基层工会会员代表大会代表候选人，获得选举单位全体会员过半数选票时，始得当选为正式代表；大型企事业单位代表大会的代表，由所属单位工会代表大会选举时，其代表候选人获得应到会人数过半数选票时，始得当选为正式代表"。这一规定得到了基层工会的普遍认可，在我国其他选举工作中也具有普遍性，同时，《中国工会章程》等规范性文件也有相同或近似的规定。为保持制度的稳定性，本条例基本延续这一规定，只是对个别文字作了微调。

条文解析

本条分两种情况，对会员代表候选人什么条件下当选会员代表作出了规定。

第一，会员代表候选人，获得选举单位全体会员过半数赞成票时，方能当选。这是针对会员大会选举会员代表作出的规定。选票一般分赞成、不赞成、弃权三个选项，得赞成票超过全体会员过半数的，方能当选。一般情况下，当获得过半数赞成票的候选人多于应选名额时，由高到低，得赞成票多的当选；如遇赞成票数相等不能确定当选人时，应就票数相等的候选人再次投票，得赞成票多的当选；如当选人数少于应选名额时，对不足的名额可以另行选举。

注意：一是应召开全体会员大会选举会员代表，到会人数至少为应到会人数的三分之二以上；二是"全体会员"，包括选举单位享有选举权的所有会员。

第二，由下一级会员代表大会选举时，其代表候选人获得应到会代表人数过半数赞成票时，方能当选。这是针对会员代表大会间接选举会员代表作出的规定。怎样投票、有效当选的具体含义不再赘述，可参考上一种情况来理解。这里，只是提醒注意三个问题：

一是下一级工会可以召开会员大会，也可以召开会员代表大会，由基层工会作出选择，如召开会员代表大会时，到会代表人数至少为应到会代表人数的三分之二以上；

二是“应到会代表人数”，包括实际参会的代表和因各种原因没有参会的代表；

三是选举上一级会员代表大会的代表候选人不一定是本级工会的会员代表。

参考规定

1.《全国人民代表大会和地方各级人民代表大会选举法》

第三十二条　县级以上的地方各级人民代表大会在选举上一级人民代表大会代表时，代表候选人不限于各该级人民代表大会的代表。

第四十条　选举人对于代表候选人可以投赞成票，可以投反对票，可以另选其他任何选民，也可以弃权。

第四十四条　在选民直接选举人民代表大会代表时，选区全体选民的过半数参加投票，选举有效。代表候选人获得参加投票的选民过半数的选票时，始得当选。

县级以上的地方各级人民代表大会在选举上一级人民代表大会代表时，代表候选人获得全体代表过半数的选票时，始得当选。

获得过半数选票的代表候选人的人数超过应选代表名额时，以得票多的当选。如遇票数相等不能确定当选人时，应当就票数相等的候选人再次投票，以得票多的当选。

获得过半数选票的当选代表的人数少于应选代表的名额时，不足的名额另行选举。另行选举时，根据在第一次投票时得票多少的顺序，按照本法第三十条规定的差额比例，确定候选人名单。如果只选一人，候选人应为二人。

依照前款规定另行选举县级和乡级的人民代表大会代表时，代表候选人以得票多的当选，但是得票数不得少于选票的三分之一；县级以上的地方各级人民代表大会在另行选举上一级人民代表大会代表时，代表候选人获得全体代表过半数的选票，始得当选。

2.《中国共产党基层组织选举工作暂行条例》

第九条　代表候选人由选举单位组织全体党员酝酿提名，根据多数人的意见确定，提交党员大会或党员代表大会进行选举。

3.《中国工会章程》

第十条　工会各级代表大会的代表和委员会的产生，要充分体现选举人的意志。候选人名单，要反复酝酿，充分讨论。选举采用无记名投票方式，可以直接采用候选人数多于应选人数的差额选举办法进行正式选举，也可以先采用差额选举办法进行预选，产生候选人名单，然后进行正式选举。任何组织和个人，不得以任何方式强迫选举人选举或不选举某个人。

4.《工会基层组织选举工作条例》

第四条　工会会员享有选举权、被选举权和表决权。保留会籍的人员除外。

第二十三条　选举采用无记名投票方式。不能出席会议的选举人，不得委托他人代为投票。

选票上候选人的名单按姓氏笔画为序排列。

第二十四条　选举人可以投赞成票或不赞成票，也可以投弃权票。投不赞成票者可以另选他人。

第二十五条　会员或会员代表在选举期间，如不能离开生产、工作岗位，在监票人的监督下，可以在选举单位设立的流动票箱投票。

第二十六条　投票结束后，在监票人的监督下，当场清点选票，进行计票。

选举收回的选票，等于或少于发出选票的，选举有效；多于发出选票的，选举无效，应重新选举。

每张选票所选人数等于或少于规定应选人数的为有效票，多于规定应选人数的为无效票。

第二十七条　被选举人获得应到会人数的过半数赞成票时，始得当选。

获得过半数赞成票的被选举人人数超过应选名额时，得赞成票多的当选。如遇赞成票数相等不能确定当选人时，应就票数相等的被选举人再次投票，得赞成票多的当选。

当选人数少于应选名额时，对不足的名额可以另行选举。如果接近应选名额且符合第八条规定，也可以由大会征得多数会员或会员代表的同意减少名额，不再进行选举。

第十八条　［会员代表有效当选］

会员代表选出后，应由基层工会委员会或工会筹备组，对会员代表人数及人员结构进行审核，并对会员代表进行资格审查。

符合条件的会员代表人数少于原定代表人数的，可以把剩余的名额再分配，进行补选，也可以在符合规定人数情况下减少代表名额。

条文主旨

本条是关于会员代表资格审查和对会员代表人数及人员结构进行审核的规定。

主要背景

为维护会员代表选举的严肃性，会员代表选出后，应对当选人进行资格审查。有人可能感到不解，会员代表已由下一级工会会员大会或会员代表大会或工会小组正式选举产生了，还有必要进行资格审查吗？实践证明，确有必要。理由有四点：

一是有的会员代表不具备会员代表的条件，比如，有的竟然不是工会会员，或失去了会员的民主权利；

二是有的会员代表当选过程存在违反规定程序问题，缺乏合法性；

三是会员代表总数可能超过预定名额，下一级工会大多存在多选多报意愿，上报代表人数可能超出分配名额；

四是有的会员代表组成结构不合理，比如，领导人员超过规定比例，存在“贵族化”现象等。

关于会员代表人数及人员总体结构问题，主要审核代表人数是否超过设定的名额、中层正职以上管理人员和领导人员是否超过20%、特殊人群是否占一定的比例、怎么解决代表人数减少问题，等等。这些都需要通过会员代表资格审查程序进行调整。

条文解析

本条明确了对会员代表人数及人员结构进行审核、对会员代表资格进行审查等有关问题。

第一，会员代表选出后，应由基层工会委员会或工会筹备组，对会员代表人数及人员结构进行审核，并对会员代表进行资格审查。这一规定明确了什么时间进行审核审查、谁来审核审查、审核审查什么等问题。会员代表由下一级会员大会或会员代表大会或工会小组选举产生，当会员代表全部选举产生后，由基层工会委员会负责审核审查。新成立的工会，由工会筹备组进行审核审查。具体工作一般由资格审查委员会（小组）来承办。审核审查的主要内容是：选出的会员代表是否是工会会员，是否享有会员民主权利；选举过程是否符合民主程序，是否存在扰乱、妨碍等干扰选举的行为；会员代表人数是否符合设定名额，人员结构是否符合要求，主要是中层正职以上管理人员和领导人员是否超过20%，特殊人群是否按计划占一定的比例；等等。

通过审核审查，针对不同的问题及时作出不同的处理决定。如当选人不是工会会员的，让原选举单位另行补选；违反民主程序或存在干扰、妨碍选举行为的，让原选举单位重新选举；超过分配名额、正职以上管理人员和领导人员超过分配名额时，让原选举单位进行调整；应有而没有女职工、青年职工、劳动模范（先进工作者）代表的，应根据选举方案，让有关单位及时调整或补选。

第二，符合条件的会员代表人数少于原定代表人数的，可以把剩余的名额再分配，进行补选，也可以在符合规定人数情况下减少代表名额。这是针对出现会员代表人数少于原定名额时，怎么处理这一情况而作出的规定。前面已经提到，当会员代表超过分配名额时，让原选举单位进行调整。实践中也可能出现当选代表人数少于原定代表名额的情况，产生的原因大致有三：一是因各种原因，选举单位放弃或无法足额选出分配名额；二是因资格审查没有通过，取消了当选代表的身份；三是当选会员代表后，当选人岗位调整、离职或调离等。

关于如何解决这一情况，本规定给出两种解决办法：一种办法是，如果是上面所述第一种原因的，可以把剩余名额分配给其他选举单位进行补选；如果是上面所述第二种、第三种原因的，应首先把名额分配给原选举单位进行补选，原选举单位放弃的，可以把名额分配给其他选举单位。另一种办法是，会员代表虽少于原定名额，但在规定名额范围内，可以减少代表名额，不再补选。总之，应针对具体情况，作出合理的决定。

参考规定

1.《全国人民代表大会和地方各级人民代表大会选举法》

第四十六条　代表资格审查委员会依法对当选代表是否符合宪法、

法律规定的代表的基本条件，选举是否符合法律规定的程序，以及是否存在破坏选举和其他当选无效的违法行为进行审查，提出代表当选是否有效的意见，向本级人民代表大会常务委员会或者乡、民族乡、镇的人民代表大会主席团报告。

县级以上的各级人民代表大会常务委员会或者乡、民族乡、镇的人民代表大会主席团根据代表资格审查委员会提出的报告，确认代表的资格或者确定代表的当选无效，在每届人民代表大会第一次会议前公布代表名单。

2.《中国共产党地方组织选举工作条例》

第十四条　党的地方各级委员会在代表大会召开前，负责对代表的产生程序和代表资格进行初步审查。代表大会成立的代表资格审查委员会在听取党的委员会的审查情况报告后，提出代表资格审查报告。经大会或大会主席团通过的代表，获得正式资格。

3.《中国共产党基层组织选举工作暂行条例》

第十条　上届党的委员会成立代表资格审查小组，负责对代表的产生程序和资格进行审查。

代表的产生不符合规定程序的，应责成原选举单位重新进行选举；代表不具备资格的，应责成原选举单位撤换。

代表资格审查小组应向党员代表大会预备会议报告审查情况。经审查通过后的代表，获得正式资格。

第十九条　［会员代表任期］

会员代表实行常任制，任期与会员代表大会届期一致，会员代表可以连选连任。

条文主旨

本条是关于会员代表实行常任制和会员代表是否可以连任的规定。

主要背景

会员代表常任制是工会组织建设的一个非常重要的制度，关乎会员代表大会的职责定位，关乎会员代表大会与基层工会委员会之间的关系。1988 年 10 月，中国工会十一大通过的《中国工会章程》，第一次明确基层工会会员代表大会代表实行常任制。为落实这一重要制度，1992 年 4 月 14 日，中华全国总工会办公厅专门印发《暂行规定》，该《暂行规定》第十条规定："会员代表的任期与基层工会代表大会届期一致，从每届工会会员代表大会举行第一次会议开始，到下届本级工会会员代表大会代表选举工作完成后为止。会员代表可以连选连任。"2018 年 10 月，中国工会十七大通过的《中国工会章程》第二十六条第四款规定："会员代表大会的代表实行常任制，任期与本单位工会委员会相同。"虽然这一制度在部分基层工会得到了落实，但总体上看，这一重要制度落实得并不理想。存在的突出问题有：

一是相当多的基层工会负责人和工会工作者并不知道基层工会会员代表实行常任制。他们看到，党的全国代表大会每五年召开一次，中国工会全国代表大会每五年召开一次，就想当然地认为，本单位工会会员代表大会也应当五年召开一次，或三年召开一次，甚至个别单位工会超过十年也不召开会员代表大会。

二是基层工会会员代表大会的职权没有落实。《中国工会章程》第二十六条规定了会员代表大会具有五项职权，因一些基层工会在任期内不召开会员代表大会，不报告工会工作，会员代表大会的职权也就无法落实，严重侵害了会员和会员代表的民主权利。

三是基层工会委员会越权行使会员代表大会的职权。基层工会委员会是会员大会或会员代表大会选举产生的领导机构，其基本职责是，执行会员大会或会员代表大会的决议和上级工会的决定，在会员大会或会员代表大会闭会期间主持基层工会日常工作。但现实中，一些基层工会委员会凌驾于会员大会或会员代表大会之上，越权行使会员大会或会员代表大会的职权。比如，有的基层工会委员会直接补选会员代表，补选工会委员、常务委员、主席和副主席，等等，可谓乱象丛生。

条文解析

本条重申会员代表实行常任制，强调会员代表的任期与会员代表大会届期一致，会员代表可以连选连任。理解本条规定，应深刻理解工会组织的届期问题。

第一，任期制是基层工会组织建设的一项基本制度。《工会法》第九条第一款规定："工会各级组织按照民主集中制原则建立。"这一规定明确，工会组织建设应坚持民主集中制。《工会法》第九条第二款规定："各级工会委员会由会员大会或者会员代表大会民主选举产生。企业主要负责人的近亲属不得作为本企业基层工会委员会成员的人选。"这一规定明确，工会组织的基本形态是工会委员会，而且由会员大会或会员代表大会民主选举产生。《工会法》第十五条规定："基层工会委员会每届任期三年或者五年。各级地方总工会委员会和产业工会委员会每届任期五年。"这一规定明确，各级工会委员会实行的是任期制。

上述规定不是一般性的规定，重大意义在于，明确了基层工会组织建设的根本制度是民主集中制，基本制度是委员制、选举制和任期制。

第二，会员代表常任制的根本目的在于落实会员代表大会、工会委员会的任期制。《工会法》第十六条规定："基层工会委员会定期召开会员大会或者会员代表大会，讨论决定工会工作的重大问题。经基层工会委员会或者三分之一以上的工会会员提议，可以临时召开会员大会或者会员代表大会。"怎样落实定期召开会员大会或会员代表大会呢？

《中国工会章程》第二十六条第一款规定："工会基层组织的会员大会或者会员代表大会，每年至少召开一次。经基层工会委员会或者三分之一以上的工会会员提议，可以临时召开会员大会或者会员代表大会。工会会员在一百人以下的基层工会应当召开会员大会。"即该规定明确，每年至少召开一次会员大会或者会员代表大会。

第三，会员代表常任制是指在基层工会委员会届期内会员代表应一直履行职责。基层工会委员会的每届任期为三年或者五年。常任制，意思是在基层工会委员会任期内，会员代表应一直履行职责，而不是只履行职责一次，会员代表的任期与基层工会委员会的任期相同。本条例第四条已经明确，会员代表大会是基层工会的最高领导机构，基层工会委员会是基层工会的领导机构，最高领导机构每年至少召开一次会议，讨论决定基层工会重大事项，对领导机构进行监督。

理解会员代表常任制，可参照我国人民代表大会制度，我国各级人大代表实行的是常任制，每年召开一次会议，履行人大代表职责。而党的全国代表大会的代表，中国工会全国代表大会的代表实行的不是常任制。党的代表大会选举产生新一届党的中央委员会后，党代表不再履行职责；中国工会全国代表大会代表选举产生新一届中华全国总工会执行委员会后，代表也不再履行职责。地方工会代表大会也是如此。所以，不能把基层工会会员代表大会与党的全国代表大会、全国及地方工会代表大会进行简单类比。

第四，会员代表可以连选连任。只要具备会员代表条件，得到会员群众认可，会员代表可以多次当选，没有次数限制。

参考规定

1.《宪法》

第六十条　全国人民代表大会每届任期五年。

全国人民代表大会任期届满的两个月以前，全国人民代表大会常务委员会必须完成下届全国人民代表大会代表的选举。如果遇到不能进行选举的非常情况，由全国人民代表大会常务委员会以全体组成人员的三分之二以上的多数通过，可以推迟选举，延长本届全国人民代表大会的任期。在非常情况结束后一年内，必须完成下届全国人民代表大会代表的选举。

第六十一条　全国人民代表大会会议每年举行一次，由全国人民代表大会常务委员会召集。如果全国人民代表大会常务委员会认为必要，或者有五分之一以上的全国人民代表大会代表提议，可以临时召集全国人民代表大会会议。

全国人民代表大会举行会议的时候，选举主席团主持会议。

2.《全国人民代表大会组织法》

第三十九条　全国人民代表大会代表每届任期五年，从每届全国人民代表大会举行第一次会议开始，到下届全国人民代表大会举行第一次会议为止。

3.《地方各级人民代表大会和地方各级人民政府组织法》

第六条　地方各级人民代表大会每届任期五年。

第十一条　地方各级人民代表大会会议每年至少举行一次。经过五分之一以上代表提议，可以临时召集本级人民代表大会会议。

第十六条　地方各级人民代表大会每届第一次会议，在本届人民代表大会代表选举完成后的两个月内，由上届本级人民代表大会常务委员会或者乡、民族乡、镇的上次人民代表大会主席团召集。

第三十三条　地方各级人民代表大会代表任期，从每届本级人民代表大会举行第一次会议开始，到下届本级人民代表大会举行第一次会议为止。

4.《工会法》

第十五条　基层工会委员会每届任期三年或者五年。各级地方总工会委员会和产业工会委员会每届任期五年。

第十六条　基层工会委员会定期召开会员大会或者会员代表大会，讨论决定工会工作的重大问题。经基层工会委员会或者三分之一以上的工会会员提议，可以临时召开会员大会或者会员代表大会。

第十七条　工会主席、副主席任期未满时，不得随意调动其工作。因工作需要调动时，应当征得本级工会委员会和上一级工会的同意。罢免工会主席、副主席必须召开会员大会或者会员代表大会讨论，非经会员大会全体会员或者会员代表大会全体代表过半数通过，不得罢免。

5.《中国共产党章程》

第十九条　党的全国代表大会每五年举行一次，由中央委员会召集。中央委员会认为有必要，或者有三分之一以上的省一级组织提出要求，全国代表大会可以提前举行；如无非常情况，不得延期举行。

全国代表大会代表的名额和选举办法，由中央委员会决定。

第二十五条　党的省、自治区、直辖市的代表大会，设区的市和自治州的代表大会，县（旗）、自治县、不设区的市和市辖区的代表大会，每五年举行一次。

党的地方各级代表大会由同级党的委员会召集。在特殊情况下，经上一级委员会批准，可以提前或延期举行。

党的地方各级代表大会代表的名额和选举办法，由同级党的委员会决定，并报上一级党的委员会批准。

第二十七条　党的省、自治区、直辖市、设区的市和自治州的委员会，每届任期五年。这些委员会的委员和候补委员必须有五年以上的党龄。

党的县（旗）、自治县、不设区的市和市辖区的委员会，每届任期五年。这些委员会的委员和候补委员必须有三年以上的党龄。

党的地方各级代表大会如提前或延期举行，由它选举的委员会的任期相应地改变。

党的地方各级委员会的委员和候补委员的名额，分别由上一级委员会决定。党的地方各级委员会委员出缺，由候补委员按照得票多少依次递补。

党的地方各级委员会全体会议，每年至少召开两次。

党的地方各级委员会在代表大会闭会期间，执行上级党组织的指示和同级党代表大会的决议，领导本地方的工作，定期向上级党的委员会报告工作。

6.《中国工会章程》

第十七条　中国工会全国代表大会，每五年举行一次，由中华全国总工会执行委员会召集。在特殊情况下，由中华全国总工会执行委员会主席团提议，经执行委员会全体会议通过，可以提前或者延期举行。代表名额和代表选举办法由中华全国总工会决定。

第二十六条第三款　工会基层委员会和经费审查委员会每届任期三年至五年，具体任期由会员大会或者会员代表大会决定。任期届满，应当如期召开会议，进行换届选举。在特殊情况下，经上一级工会批准，可以提前或者延期举行。

第二十六条第四款　会员代表大会的代表实行常任制，任期与本单位工会委员会相同。

7.《工会基层组织选举工作条例》

第三十条　基层工会委员会每届任期三年或五年，具体任期由会员大会或会员代表大会决定。经选举产生的工会委员会委员、常务委员会委员和主席、副主席可连选连任。基层工会委员会任期届满，应按期换届选举。遇有特殊情况，经上一级工会批准，可以提前或延期换届，延期时间一般不超过半年。

上一级工会负责督促指导基层工会组织按期换届。

第二十条 ［会员代表职责］

会员代表的职责是：

（一）带头执行党的路线、方针、政策，自觉遵守国家法律法规和本单位的规章制度，努力完成生产、工作任务；

（二）在广泛听取会员意见和建议的基础上，向会员代表大会提出提案；

（三）参加会员代表大会，听取基层工会委员会和经费审查委员会的工作报告，讨论和审议代表大会的各项议题，提出审议意见和建议；

（四）对基层工会委员会及代表大会各专门委员会（小组）的工作进行评议，提出批评、建议；对基层工会主席、副主席进行民主评议和民主测评，提出奖惩和任免建议；

（五）保持与选举单位会员群众的密切联系，热心为会员说话办事，积极为做好工会各项工作献计献策；

（六）积极宣传贯彻会员代表大会的决议精神，对工会委员会落实会员代表大会决议情况进行监督检查，团结和带动会员群众完成会员代表大会提出的各项任务。

条文主旨

本条是关于会员代表应履行职责的规定。

主要背景

关于会员代表履行职责问题，除原《暂行规定》外，《工会法》

《中国工会章程》及工会其他规范性文件都没有规定。从制度设计上看，会员代表履行职责是一种职务行为，怎样履行职责应遵循明确的规定，如果没有规定，就存在制度上的空白；从工作实践上看，会员代表是代表会员群众的，如果对会员代表的职责没有明确要求，会员代表就有可能懒惰懈怠，而会员群众监督也缺乏依据。因此，明确会员代表的职责是非常有意义的。

原《暂行规定》第十三条规定："会员代表的职责是：（一）带头执行党的路线、方针、政策，自觉遵守国家法律和本单位的规章制度，努力完成生产、工作任务；（二）积极参加会员代表大会，认真听取基层工会委员会和经费审查委员会的工作报告，认真讨论和审议代表大会的各项议题，认真负责地提出审议意见和建议；（三）严肃负责地履行民主选举的权利，认真做好各项民主选举工作；（四）积极参加对基层工会领导人的民主评议和民主测评，实事求是提出奖惩和任免的建议；（五）经常保持与本单位会员群众的密切联系，注意听取会员的意见和建议，并及时向工会委员会反映，热心为会员说话办事，积极为做好各项工作献计献策；（六）积极宣传贯彻基层工会代表大会的决议精神，团结和带动会员群众完成会员代表大会提出的各项任务。"应该说，这六项规定比较全面地明确了会员代表的职责，为会员代表履职尽责提供了基本遵循。为更加贴近时代、贴近基层、贴近实际，在吸收这一规定基础上，有必要对个别文字表述进一步补充完善。

条文解析

本条从政治要求、示范引领、履职方式、履职要求、工作作风、宣传落实等六个方面对会员代表的职责作出了规定，目的是引导会员代表向着政治性、先进性、群众性方向努力。

第一，带头执行党的路线、方针、政策，自觉遵守国家法律法规和本单位的规章制度，努力完成生产、工作任务。这是关于政治要求和示范引领方面的规定。作为一名会员代表，不同于普通会员，应强化政治意识、责任意识、表率意识，在思想、政治、行动等方面走在会员群众的前列，做到政治上带头执行党的路线、方针、政策，行动上自觉遵守国家法律法规和本单位的规章制度，工作上立足岗位努力完成生产、工作任务。

第二，在广泛听取会员意见和建议的基础上，向会员代表大会提出提案。这是关于履职方式方面的规定。会员代表不是一项荣誉，而是一种职务，应代表会员群众积极参与工会事务。提出提案是会员代表履职的一个重要方式，要在广泛听取会员群众意见和建议的基础上，就会员群众最关心、最直接、最现实的利益问题，向会员代表大会提出议案，努力为会员群众办实事、做好事、解难事。现实中，一些会员代表在任职期间没有提出过一个提案，应该说这是履职不到位的表现。

第三，参加会员代表大会，听取基层工会委员会和经费审查委员会的工作报告，讨论和审议代表大会的各项议题，提出审议意见和建议。这是关于履职要求方面的规定。作为一名会员代表，最起码的要求是应该参加会员代表大会，听取基层工会委员会和经费审查委员会的工作报告，讨论和审议代表大会的各项议题，提出审议意见和建议。这一规定具有很强的针对性，现实中有的会员代表存在“四不”问题：不参加会员代表大会、不听取基层工会有关工作报告、不认真审议各项议题、不提出意见建议。应该说这样的会员代表是不称职的，辜负了会员群众的信任。

第四，对基层工会委员会及代表大会各专门委员会（小组）的工作进行评议，提出批评、建议；对基层工会主席、副主席进行民主评议和民主测评，提出奖惩和任免建议。这也是关于履职要求方面的规定，重点在于强调会员代表应发挥监督作用。会员代表大会有权监督基层工会委员会。怎样落实监督权呢？要靠每一位会员代表发挥监督作用。具体途径：一是会员代表对基层工会委员会及代表大会各专门委员会（小组）的工作进行评议，认为存在问题的应提出批评，认为需要改进提高的，应提出意见建议；二是对基层工会主席、副主席进行民主评议和民主测评，认为基层工会主席、副主席表现优秀的，应提议给予鼓励奖励，认为履职不当的，应提出惩罚性意见，认为不称职的，应提出罢免建议。

第五，保持与选举单位会员群众的密切联系，热心为会员说话办事，积极为做好工会各项工作献计献策。这是关于工作作风方面的规定。会员代表要为选举单位会员群众负责，接受选举单位会员群众监督。应牢固树立“会员选我当代表，我当代表为会员”的观念。要保持与选举单位会员群众的密切联系，体察他们的酸甜苦辣，听取他们的意见建议，反映他们的呼声愿望，热心为他们分忧解难，积极为做好工会各项工作出主意、想办法。

第六，积极宣传贯彻会员代表大会的决议精神，对工会委员会落实会员代表大会决议情况进行监督检查，团结和带动会员群众完成会员代表大会提出的各项任务。这是关于宣传落实方面的规定。会员代表大会是基层工会的最高领导机构，基层工会委员会是会员代表大会选举的领导机构。对会员代表大会的决议精神，会员代表应向选举单位会员积极宣传，让选举单位会员了解会员代表大会的决议精神，推动决议精神贯彻落实。对基层工会委员会落实会员代表大会决议的情况进行监督检查，提出意见建议。要立足岗位发挥示范带头作用，团结带动会员群众把会员代表大会提出的各项任务落实到实际工作中，让会员群众具有获得感。

参考规定

1.《宪法》

第七十六条　全国人民代表大会代表必须模范地遵守宪法和法律，保守国家秘密，并且在自己参加的生产、工作和社会活动中，协助宪法和法律的实施。

全国人民代表大会代表应当同原选举单位和人民保持密切的联系，听取和反映人民的意见和要求，努力为人民服务。

第七十七条　全国人民代表大会代表受原选举单位的监督。原选举单位有权依照法律规定的程序罢免本单位选出的代表。

2.《全国人民代表大会组织法》

第四十一条　全国人民代表大会代表应当同原选举单位和人民保持密切联系，可以列席原选举单位的人民代表大会会议，听取和反映人民的意见和要求，努力为人民服务。

第四十二条　全国人民代表大会代表在出席全国人民代表大会会议和执行其他属于代表的职务的时候，国家根据实际需要给予适当的补贴和物质上的便利。

第四十三条　全国人民代表大会代表、全国人民代表大会常务委员会的组成人员，在全国人民代表大会和全国人民代表大会常务委员会各种会议上的发言和表决，不受法律追究。

第二十一条　［代表团（组）长职责］

选举单位可单独或联合组成代表团（组），推选团（组）长。团（组）长根据会员代表大会议程，组织会员代表参加大会各项活动；在会员代表大会闭会期间，按照基层工会的安排，组织会员代表开展日常工作。

条文主旨

本条是关于怎样组成代表团（组）、怎样组织代表参加会议、闭会期间怎样组织代表开展活动的规定。

主要背景

会员代表选举产生后，就要准备召开会员代表大会。怎样召开呢？当然不能众多代表“大呼隆”，要合理分组，有效组织协调。行之有效的办法就是建立代表团（组），推选代表团（组）长，由代表团（组）长召集代表，参加大会的各项活动。原《暂行规定》第十一条规定：“会员代表以基层工会所属工会组织为单位分别组成代表团（组），推选正副团（组）长各1人。代表团（组）长根据代表大会的议程和基层工会委员会的安排，负责组织代表的日常活动。”在我国，各种代表大会大致也是采取类似的办法。同时，因基层工会会员代表大会代表实行的是常任制，为有效发挥代表的作用，闭会期间还要开展一些日常工作。

条文解析

本条是关于怎样组织会员代表大会方面的规定，明确了怎样组成代表团（组）、怎样组织代表参加会议、闭会期间怎样组织代表开展活动。

第一，选举单位可单独或联合组成代表团（组），推选团（组）长。这一规定明确怎样组成代表团（组），一般情况下一个选举单位为一个代表团（组），如果选举单位会员代表人数较少，也可以由两个以上选举单位组成一个代表团（组）。团（组）长一般由会员代表协商推举产生，当然也可以由会员代表通过表决或选举的方式产生团（组）长。至于是否设副团（组）长，本条例没有明确规定，基层工会可根据实际，灵活掌握。

第二，团（组）长根据会员代表大会议程，组织会员代表参加大会各项活动。这一规定明确团（组）长的任务是根据会员代表的议程，组织会员代表参加大会各项活动，比如，传达大会的有关要求，组织代表参加会议，主持本团（组）开展讨论，汇总整理上报讨论情况，代表本团（组）提出意见建议，等等。

第三，在会员代表大会闭会期间，按照基层工会的安排，组织会员代表开展日常工作。这一规定明确会员代表大会结束以后，基层工会可以组织会员代表开展一些日常工作，比如，开展参观学习、业务培训、专题调研、专项检查等。

参考规定

1.《全国人民代表大会组织法》

第四条　全国人民代表大会代表按照选举单位组成代表团。各代表团分别推选代表团团长、副团长。

代表团在每次全国人民代表大会会议举行前，讨论全国人民代表大会常务委员会提出的关于会议的准备事项；在会议期间，对全国人民代表大会的各项议案进行审议，并可以由代表团团长或者由代表团推派的代表，在主席团会议上或者大会全体会议上，代表代表团对审议的议案发表意见。

2.《地方各级人民代表大会和地方各级人民政府组织法》

第十四条　乡、民族乡、镇的人民代表大会设主席，并可以设副主席一人至二人。主席、副主席由本级人民代表大会从代表中选出，任期同本级人民代表大会每届任期相同。

乡、民族乡、镇的人民代表大会主席、副主席不得担任国家行政机关的职务；如果担任国家行政机关的职务，必须向本级人民代表大会辞去主席、副主席的职务。

乡、民族乡、镇的人民代表大会主席、副主席在本级人民代表大会闭会期间负责联系本级人民代表大会代表，根据主席团的安排组织代表开展活动，反映代表和群众对本级人民政府工作的建议、批评和意见，并负责处理主席团的日常工作。

第二十二条　［发挥团（组）长作用］

基层工会讨论决定重要事项，可事先召开代表团（组）长会议征求意见，也可根据需要，邀请代表团（组）长列席会议。

条文主旨

本条是关于引导基层工会注意听取各代表团（组）长意见的规定。

主要背景

原《暂行规定》第二十一条规定："每次代表大会举行前，基层工会委员会应事先将有关代表大会的筹备情况和大会的各项议案交由各代表团进行讨论，并召开代表团（组）长联席会议，广泛听取各方面的意见。在代表大会召开期间，各代表团（组）长或代表团（组）可推选代表，按照大会主席团的安排，在大会全体会议上发表意见。"这一规定实际上是一个民主协商、民主决策的过程。但实践中，有的基层工会不注意听取各代表团（组）的意见建议，作出的决定引发一些不满，产生一些不和谐因素，影响会员代表大会的效果。因此，有必要从制度上给予明确，引导基层工会在作出决定时应注意听取各代表团（组）的意见建议。

条文解析

本条是一个引导性规定，旨在引导基层工会注意听取各代表团

（组）长的意见，每个基层工会可根据各自实际作出适当安排。

召开会员代表大会前，基层工会要讨论决定会员代表大会的一些重要事项，比如，大会议程、大会材料、提案处理、食宿安排等，如果涉及选举的，还要讨论制定选举或补选办法（方案）、确定候选人、提名监票人等问题。这时，基层工会应注意民主协商、民主决策，充分听取各代表团（组）长的意见建议，根据意见建议，修改完善会议材料、调整会议议程、完善会务安排，最大限度地汇集民智、凝聚共识，确保会员代表大会顺利圆满完成。当然，基层工会委员会研究有关问题时，也可根据情况，邀请代表团（组）长列席会议，做到决策公开透明。

第二十三条　［会员代表调研督查制度］

基层工会应建立会员代表调研、督查等工作制度，充分发挥会员代表作用。

条文主旨

本条是关于怎样发挥会员代表作用的规定。

主要背景

前面已经反复强调，基层工会会员代表大会代表实行的是常任制，但遗憾的是常任制的落实并不理想：有的基层工会在换届选举时只召开一次会员代表大会，任期内再也没有会员代表什么事；有的基层工会虽每年召开会员代表大会，但闭会后会员代表无事可做；有的基层工会平时从不联系会员代表，会员代表也忘记了自己的身份。造成的结果是，基层工会委员会委员忘记了自己是会员代表选举产生的，缺乏群众意识、责任意识；会员代表的身份被淡化、边缘化，缺乏履职意识、担当意识，基层工会缺乏生机和活力。

无数事实证明，会员代表常任制不落实，助长了一些基层工会的机关化、行政化、贵族化、娱乐化倾向。因此，必须按照增强政治性、先进性、群众性的要求，充分尊重会员群众的主体地位，让会员群众当“主角”，而不是当“配角”。落实会员代表常任制、充分发挥会员代表的作用，是尊重会员主体地位的一个重要体现，不仅是推动工会改革向基层延伸的政治要求，也是增强基层工会活力的内在要求。

条文解析

本条规定，基层工会应建立会员代表调研、督查等工作制度，充分发挥会员代表作用。旨在强调制度建设，要依靠制度来保证发挥会员代表作用。

尊重会员主体地位，发挥会员代表作用，不能只是当口号喊，而应落实落地。为此，基层工会必须建立会员代表调研、督查等工作制度，依靠制度来保证会员代表发挥作用。本条例列举了调研、督查两项工作制度，这是比较重要的制度，但不限于调研、督查这两项制度。基层工会可根据实际，从有利于发挥会员代表作用、增强基层工会活力出发，还可以建立一些具备工会工作特点、适应代表履职要求、符合基层实际的其他制度，比如，代表质询制度、代表提案制度、代表考核制度，等等。

第二十四条　［会员代表权益保障］

会员代表在法定工作时间内依法参加会员代表大会及工会组织的各项活动，单位应当正常支付劳动报酬，不得降低其工资和其他福利待遇。

条文主旨

本条是关于会员代表参加会员代表大会及工会组织的各项活动时，保障会员代表经济待遇的规定。

主要背景

基层工会开展活动，一般应在生产或者工作时间以外进行，但有时不可避免要占用生产工作时间，这时，应征得单位行政的理解、支持、配合。因此，《工会法》第四十条规定："基层工会委员会召开会议或者组织职工活动，应当在生产或者工作时间以外进行，需要占用生产或者工作时间的，应当事先征得企业、事业单位的同意。基层工会的非专职委员占用生产或者工作时间参加会议或者从事工会工作，每月不超过三个工作日，其工资照发，其他待遇不受影响。"这一规定用意在于，基层工会开展活动尽可能不占用生产工作时间，确实需要占用生产工作时间的，应征得本单位行政的同意，单位行政不能因此而扣发职工工资或降低福利待遇。而现实中，单位行政和工会都或多或少存在一些问题，工会方面，有的基层工会活动过于频繁，影响了本单位的生产工作，有的活动时间安排不合理，冲击了单位的中心工作；行政方面，有的单位行政认为开展工会活动影响生产工作，态度消极，支持配合不够，有的甚至百般阻挠，以扣发工资、降低福利待遇相威胁。

组织会员代表开展活动，属于基层工会工作的一个重要组成部分。因此，从制度设计上，应根据《工会法》的精神，从有利于构建和谐劳动关系的角度出发，引导基层工会尽可能在法定工作时间之外开展活动，需要占用生产工作时间的，要积极与行政协调沟通，征得行政方面的支持。同时，单位行政也应理解、支持、配合工会开展活动。

条文解析

本条是对单位行政提出的要求，会员代表在法定工作时间内依法参加会员代表大会及工会组织的各项活动，单位应当正常支付劳动报酬，不得降低其工资和其他福利待遇。理解这一规定应把握以下两点：

第一，基层工会组织会员代表开展活动应注意与单位行政沟通协商。毫无疑问，组织会员代表开展活动是基层工会的权利，但落实这一权利时应尽可能不占用生产或者工作时间，如确实需要占用生产工作时间的，应征得本单位行政的同意。在占用生产工作时间时，应尽可能避开生产工作繁忙时期，避免与本单位中心工作发生冲突。

第二，单位行政应理解支持配合基层工会组织会员代表开展活动。单位行政应理解尊重基层工会依法行使权利，毕竟工会工作也是本单位整体工作的一部分。当基层工会组织会员代表在法定工作时间内开展活动时，应注意倾听基层工会的意见，如果不同意，应说明理由，得到工会的理解。如果同意，应正常支付会员代表的劳动报酬，不要因此而降低会员代表的工资和福利待遇。

参考规定

1.《全国人民代表大会组织法》

第四十条　全国人民代表大会代表必须模范地遵守宪法和法律，保守国家秘密，并且在自己参加的生产、工作和社会活动中，协助宪法和法律的实施。

第四十一条　全国人民代表大会代表应当同原选举单位和人民保持密切联系，可以列席原选举单位的人民代表大会会议，听取和反映人民的意见和要求，努力为人民服务。

第四十二条　全国人民代表大会代表在出席全国人民代表大会会议和执行其他属于代表的职务的时候，国家根据实际需要给予适当的补贴和物质上的便利。

第四十三条　全国人民代表大会代表、全国人民代表大会常务委员会的组成人员，在全国人民代表大会和全国人民代表大会常务委员会各种会议上的发言和表决，不受法律追究。

第四十四条　全国人民代表大会代表非经全国人民代表大会主席团许可，在全国人民代表大会闭会期间非经全国人民代表大会常务委员会许可，不受逮捕或者刑事审判。全国人民代表大会代表如果因为是现行犯被拘留，执行拘留的公安机关应当立即向全国人民代表大会主席团或者全国人民代表大会常务委员会报告。

2.《地方各级人民代表大会和地方各级人民政府组织法》

第三十四条　地方各级人民代表大会代表、常务委员会组成人员，在人民代表大会和常务委员会会议上的发言和表决，不受法律追究。

第三十五条　县级以上的地方各级人民代表大会代表，非经本级人民代表大会主席团许可，在大会闭会期间，非经本级人民代表大会常务委员会许可，不受逮捕或者刑事审判。如果因为是现行犯被拘留，执行拘留的公安机关应当立即向该级人民代表大会主席团或者常务委员会报告。

第三十六条　地方各级人民代表大会代表在出席人民代表大会会议和执行代表职务的时候，国家根据需要给予往返的旅费和必要的物质上的便利或者补贴。

3.《工会法》

第四十条　基层工会委员会召开会议或者组织职工活动，应当在生产或者工作时间以外进行，需要占用生产或者工作时间的，应当事先征得企业、事业单位的同意。

基层工会的非专职委员占用生产或者工作时间参加会议或者从事工会工作，每月不超过三个工作日，其工资照发，其他待遇不受影响。

第四十一条　企业、事业单位、机关工会委员会的专职工作人员的工资、奖励、补贴，由所在单位支付。社会保险和其他福利待遇等，享受本单位职工同等待遇。

第五十二条　违反本法规定，有下列情形之一的，由劳动行政部门责令恢复其工作，并补发被解除劳动合同期间应得的报酬，或者责令给予本人年收入二倍的赔偿：

（一）职工因参加工会活动而被解除劳动合同的；

（二）工会工作人员因履行本法规定的职责而被解除劳动合同的。

第二十五条　［会员代表身份自然终止］

有下列情形之一的，会员代表身份自然终止：

（一）在任期内工作岗位跨选举单位变动的；

（二）与用人单位解除、终止劳动（工作）关系的；

（三）停薪留职、长期病事假、内退、外派超过一年，不能履行会员代表职责的。

条文主旨

本条是关于什么情形下会员代表身份自然终止的规定。

主要背景

会员代表实行任期制，正常情况下，会员代表任期届满，其身份自然终止。原《暂行规定》第十条规定："会员代表的任期与基层工会代表大会届期一致，从每届工会会员代表大会举行第一次会议开始，到下届本级工会会员代表大会代表选举工作完成后为止。会员代表可以连选连任。"这一规定明确了会员代表任期的截止时间。同时，原《暂行规定》第十五条规定："会员代表因故调离原选举单位，不能继续履行代表职责时，代表资格自然免除。原选举单位出现的会员代表的缺额，由全体会员另行选举，并报经基层工会委员会审批。”这一规定明确，如会员代表调离原选举单位的，代表资格自然免除，但表述值得商榷。

“调离”一词带有一定的计划经济体制色彩。劳动合同制度施行之前，国有企业职工是不能任意流动的，由劳动行政部门统一调配，工作变动时多用“调离”“调动”“任命”等。1995 年 1 月 1 日《中华人民共和国劳动法》正式施行，劳动合同制度在各类所有制用人单位中已普遍建立，劳动用工已经市场化，用人单位和劳动者可以依法签订或解除劳动合同，具备法定情形的，可以终止劳动合同，对普通职工再用“调离”似乎不妥。

“代表资格自然免除”的表述似乎不妥：一是“资格”问题，代表是一种身份或职务，用“资格”似乎不妥，因为，凡是会员都有当选会员代表的资格，这是会员的基本权利，我们是无权剥夺会员当选代表资格的；二是“免除”问题，当会员代表本人存在过错时，免除他的代表身份或职务，而工作变动只是一种客观情况，会员代表本人并无过错，用“免除”似乎不够恰当，用“终止”更为合适。事实上，除调离原选举单位这一种情形外，会员代表身份自然终止还有其他情形，比如，已经解除或终止劳动（工作）关系的，会员代表身份应当终止，但因制度上没有明确规定，使基层工会无从遵循。

因此，按照现行的劳动法律制度，哪些情形下的会员代表身份须进行终止，有必要从制度上予以明确规范，以适应社会主义市场经济条件下劳动关系的变化。

条文解析

本条列举了三种情形，在这三种情况下会员代表身份自然终止。

第一，在任期内工作岗位跨选举单位变动的。会员代表是通过划分选举单位、分配代表名额，由选举单位会员选举产生的，应向选举单位会员负责，接受选举单位会员的监督。如果一个会员代表工作岗位从原选举单位变动到另一个选举单位，因另一个选举单位并没有选举该代表，该代表当然没有资格代表另一个选举单位的会员。同时，因该代表已经离开原选举单位，该代表对原选举单位的情况逐渐陌生，原选举单位会员也难以有效监督该代表，该代表的履职成效必然受到影响。这时，合理的选择是终止该会员代表的身份，由原选举单位补选新的代表。

第二，与用人单位解除、终止劳动（工作）关系的。当选会员代表的前提条件是，会员本人必须与用人单位建立劳动（工作）关系，通俗地讲，必须是本单位的人。如果会员代表与用人单位解除、终止了劳动（工作）关系，也就失去了当选代表的前提条件。不难理解，总不能让外单位的人来当选本单位的代表吧。这时，会员代表身份应当终止。注意，涉及劳务派遣工的，属于另外一个问题，应依照第十三条的规定执行。

第三，停薪留职、长期病事假、内退、外派超过一年，不能履行会员代表职责的。会员代表是一种身份或职务，而不是“闲差”或荣誉，重在履行职责，发挥作用。停薪留职、病事假、内退、外派，都属于离开工作岗位的情形，如果时间短，则对履行职责影响不大，但如果时间较长，无法履行职责，就失去了代表的作用。为什么设定一年？民法一般规定，较长时间为一年，比如，最高人民法院规定：“公民离开住所地最后连续居住一年以上的地方为经常居住地”。同时，会员代表大会一年至少召开一次，因此，本条例设定“超过一年”。当然，会员代表本人是没有过错的，只是因为无法履行代表职责，才终止会员代表身份的。

事实上，除以上三种情形外，还有会员代表达到法定退休年龄、任职期间死亡这两种情形。达到法定退休年龄时，应办理保留会籍手续，不再享有选举权、被选举权和表决权，代表身份应当终止。任职期间死亡的，自然无法履行代表职责，代表身份也应当终止。

参考规定

1.《劳动合同法》

第三十六条　用人单位与劳动者协商一致，可以解除劳动合同。

第四十四条　有下列情形之一的，劳动合同终止：

（一）劳动合同期满的；

（二）劳动者开始依法享受基本养老保险待遇的；

（三）劳动者死亡，或者被人民法院宣告死亡或者宣告失踪的；

（四）用人单位被依法宣告破产的；

（五）用人单位被吊销营业执照、责令关闭、撤销或者用人单位决定提前解散的；

（六）法律、行政法规规定的其他情形。

2.《劳动合同法实施条例》

第十九条　有下列情形之一的，依照劳动合同法规定的条件、程序，用人单位可以与劳动者解除固定期限劳动合同、无固定期限劳动合同或者以完成一定工作任务为期限的劳动合同：

（一）用人单位与劳动者协商一致的；

（二）劳动者在试用期间被证明不符合录用条件的；

（三）劳动者严重违反用人单位的规章制度的；

（四）劳动者严重失职，营私舞弊，给用人单位造成重大损害的；

（五）劳动者同时与其他用人单位建立劳动关系，对完成本单位的工作任务造成严重影响，或者经用人单位提出，拒不改正的；

（六）劳动者以欺诈、胁迫的手段或者乘人之危，使用人单位在违背真实意思的情况下订立或者变更劳动合同的；

（七）劳动者被依法追究刑事责任的；

（八）劳动者患病或者非因工负伤，在规定的医疗期满后不能从事原工作，也不能从事由用人单位另行安排的工作的；

（九）劳动者不能胜任工作，经过培训或者调整工作岗位，仍不能胜任工作的；

（十）劳动合同订立时所依据的客观情况发生重大变化，致使劳动合同无法履行，经用人单位与劳动者协商，未能就变更劳动合同内容达成协议的；

（十一）用人单位依照企业破产法规定进行重整的；

（十二）用人单位生产经营发生严重困难的；

（十三）企业转产、重大技术革新或者经营方式调整，经变更劳动合同后，仍需裁减人员的；

（十四）其他因劳动合同订立时所依据的客观经济情况发生重大变化，致使劳动合同无法履行的。

第二十一条　劳动者达到法定退休年龄的，劳动合同终止。

3.《民法总则》

第一百五十二条　有下列情形之一的，撤销权消灭：

（一）当事人自知道或者应当知道撤销事由之日起一年内、重大误解的当事人自知道或者应当知道撤销事由之日起三个月内没有行使撤销权；

（二）当事人受胁迫，自胁迫行为终止之日起一年内没有行使撤销权；

（三）当事人知道撤销事由后明确表示或者以自己的行为表明放弃撤销权。

当事人自民事法律行为发生之日起五年内没有行使撤销权的，撤销权消灭。

4.《工会基层组织选举工作条例》

第四条　会员享有选举权、被选举权和表决权。保留会籍的人员除外。

第二十六条　［对会员代表的监督］

会员代表对选举单位会员负责，接受选举单位会员的监督。

条文主旨

本条是关于会员代表向谁负责的规定。

主要背景

会员代表为谁负责，这本不是一个问题，但现实中似乎成了一个问题。一些会员代表忘记了自己的身份，弄不清我是谁、代表谁、为了谁这一最基本、最重要的问题。比如，有的把代表当"荣誉"，缺乏责任感，会前不征求会员意见、不撰写提案，会中不认真审议文件、忙于应酬拉关系，会后不宣传会议精神、不带头落实会议任务；有的会员代表错误地认为应为领导负责，见到领导握握手，领导讲话拍拍手，会议表决举举手，成为"三手"代表，忘记了自己的职责使命。

此外，有的基层工会领导一味强调，要求会员代表把思想认识统一到基层工会的决策部署上来，站在全局角度而不是本单位的角度来行使民主权利，这一种说法似乎很有道理，颇具迷惑性。这里有必要作一分析。会员代表是应该讲大局、讲全局的，这一点毫无疑问。但只讲大局而不讲局部有失偏颇，因大局离不开局部。召开会员代表大会是一个民主集中的过程，不同选举单位的会员代表，代表着不同选举单位的会员，自然有不同的意愿。召开会员代表大会就是在不同的意愿中，寻求共同的意愿，求得最大公约数。这蕴含着矛盾的特殊性和普遍性的哲学道理，没有特殊性就没有普遍性，普遍性寓于特殊性之中。每个会员代表不仅要讲大局，也要代表选举单位会员意愿，向选举单位会员负责，众多会员代表的不同意愿汇集到一起，从而最大限度地寻求共同的意愿，最后形成会员代表大会的共识，才能实现民主基础上的集中。如果会员代表不向选举单位会员负责，不接受选举单位会员的监督，就失去了召开会员代表大会的意义。

条文解析

本条明确会员代表对选举单位会员负责，接受选举单位会员的监督。旨在强调，会员代表应当弄清楚最基本的问题：你是谁？代表谁？为了谁？会员代表由选举单位会员选举产生，应向选举单位会员负责，而不是向别的什么组织或个人负责。同时，应主动接受选举单位会员的监督，密切联系选举单位会员群众，不断改进工作作风，努力提升履职能力，不辜负选举单位会员群众的信任。

参考规定

1.《全国人民代表大会组织法》

第四十一条　全国人民代表大会代表应当同原选举单位和人民保持密切联系，可以列席原选举单位的人民代表大会会议，听取和反映人民的意见和要求，努力为人民服务。

第四十五条　全国人民代表大会代表受原选举单位的监督。原选举单位有权罢免自己选出的代表。罢免全国人民代表大会代表，须经原选举单位以全体代表的过半数通过。省、自治区、直辖市的人民代表大会常务委员会在本级人民代表大会闭会期间，经全体组成人员的过半数通过，可以罢免本级人民代表大会选出的个别全国人民代表大会代表。被罢免的代表可以出席上述会议或者书面申诉意见。罢免代表的决议，须报全国人民代表大会常务委员会备案。

2.《全国人民代表大会和地方各级人民代表大会选举法》

第四十八条　全国和地方各级人民代表大会的代表，受选民和原选举单位的监督。选民或者选举单位都有权罢免自己选出的代表。

第二十七条　［罢免会员代表法定情形］

会员代表有下列情形之一的，可以罢免：

（一）不履行会员代表职责的；

（二）严重违反劳动纪律或单位规章制度，对单位利益造成严重损害的；

（三）被依法追究刑事责任的；

（四）其他需要罢免的情形。

条文主旨

本条是关于什么情形下可以罢免会员代表的规定。

主要背景

前面一再强调，会员代表是要履行职责的，如果会员代表不履行职责或不具备会员代表条件时，应该怎么办？这是现实中经常遇到的问题。原《暂行规定》第十四条第一款规定：“会员代表对原选举单位会员负责，接受原选举单位的监督。会员和原选举单位对违法乱纪和严重失职的会员代表，有权提出罢免的要求。”这一规定提到两种情形：“违法乱纪”“严重失职”。总体上，这一规定设定的情形比较“宽松”，因为，具有这两种情形的会员代表极少，不能充分体现会员代表的先进性要求。同时，用语表述指向不够清晰，实践中难以操作。法，有广义和狭义之分，“违法”，到底指的是哪些“法”？纪，有党的纪律、行政纪律、单位规章制度等，“乱纪”，指的是哪些“纪律”？“严重失职”，哪些情形属于严重失职？现实中，有的会员一旦当选代表，即使不履行或怠于履行职责，也够不上“严重失职”，选举单位工会也无法罢免，只能等到任期结束；有的会员代表在工作中存在严重过失，给单位已经造成严重损失，而选举单位工会也无法罢免其代表，因为没有充分依据。凡此种种，都给基层工会带来了不少困惑。

从政治上讲，会员代表应保持一定的先进性，如果失去了先进性，也就失去了作为会员代表的条件。

从制度上讲，会员代表有进就应当有出，会员当选代表应遵循一定的规定，退出也应遵循一定的规定。

因此，必须坚持问题导向，针对现实问题，有必要从制度上明确什么情形下可以罢免会员代表，破解现实困境。

条文解析

会员代表退出包括自然退出和罢免退出。自然退出，指的是会员代表本人没有过错，因客观原因无法履行职责，其代表身份自然终止。对此，本条例第二十五条已经作出了规定。罢免退出，指的是会员代表本人存在过错，按照一定的民主程序罢免其代表身份。本条列举了四种可以罢免会员代表的情形。

*第一，不履行会员代表职责的。*会员代表履行职责是其本分，也是最基本的要求，如果不履行职责，就不适合当会员代表。怎样判断会员代表不履行职责呢？应以本条例第二十五条规定的标准为依据，主要从政治要求、示范引领、履职方式、履职要求、工作作风、宣传落实等六个方面来综合判断。这是一个定性问题，而不是一个定量问题，事实上也无法设定一个客观标准。比如，没有正当理由不参加会员代表大会、

不参加讨论、不提任何意见建议，总不能算是履行职责吧。大多数会员或会员代表认为该代表不履行职责时，就可以启动罢免程序。

第二，严重违反劳动纪律或单位规章制度，对单位利益造成严重损害的。用人单位有权依法制定劳动纪律或规章制度，只要劳动纪律或规章制度不违反法律法规的规定，符合法定程序，就对全体职工具有约束力。如果会员代表严重违反劳动纪律或单位规章制度，对单位利益造成严重损害的，就丧失了先进性，可以罢免。《劳动合同法》第三十九条规定，劳动者严重违反用人单位的规章制度，或者严重失职，营私舞弊，给用人单位造成重大损害的，用人单位可以解除劳动合同。

注意：用人单位是否与该会员代表解除劳动合同，不影响罢免其会员代表身份。

第三，被依法追究刑事责任的。触犯刑法才可能被追究刑事责任，如果会员代表被依法追究刑事责任，说明该会员代表具有比较严重的违法行为，已经失去了会员代表的条件，可以罢免。《劳动合同法》第三十九条规定，劳动者被依法追究刑事责任的，用人单位可以解除劳动合同。根据原劳动部《关于贯彻执行〈中华人民共和国劳动法〉若干问题的意见》的规定，“被依法追究刑事责任”是指：被人民法院免于起诉的、被人民法院判处刑罚的、被人民法院依据刑法第三十二条免于刑事处分的。

注意：这里的刑法是指1979年7月1日第五届全国人民代表大会第二次会议通过的刑法，其中第三十二条规定：“对于犯罪情节轻微不需要判处刑罚的，可以免予刑事处分，但可以根据案件的不同情况，予以训诫或者责令具结悔过、赔礼道歉、赔偿损失，或者由主管部门予以行政处分。”

第四，其他需要罢免的情形。这是一个兜底性规定，即除前述三种情形外的其他情形。这一规定看似指向不够具体，但包括了许多不便列举的情形，由基层工会酌情处理。比如，会员代表存在道德败坏、作风懒散、脱离群众、不敢担当等行为，失去大多数会员或会员代表信任的，都可以予以罢免。

参考规定

1.《劳动法》

第二十五条　劳动者有下列情形之一的，用人单位可以解除劳动合同：

（一）在试用期间被证明不符合录用条件的；

（二）严重违反劳动纪律或者用人单位规章制度的；

（三）严重失职，营私舞弊，对用人单位利益造成重大损害的；

（四）被依法追究刑事责任的。

2.《劳动合同法》

第三十九条　劳动者有下列情形之一的，用人单位可以解除劳动合同：

（一）在试用期间被证明不符合录用条件的；

（二）严重违反用人单位的规章制度的；

（三）严重失职，营私舞弊，给用人单位造成重大损害的；

（四）劳动者同时与其他用人单位建立劳动关系，对完成本单位的工作任务造成严重影响，或者经用人单位提出，拒不改正的；

（五）因本法第二十六条第一款第一项规定的情形致使劳动合同无效的；

（六）被依法追究刑事责任的。

3. 原劳动部《关于贯彻执行〈中华人民共和国劳动法〉若干问题的意见》

29. 劳动者被依法追究刑事责任的，用人单位可依据劳动法第二十五条解除劳动合同。

“被依法追究刑事责任”是指：被人民法院免于起诉的、被人民法院判处刑罚的、被人民法院依据刑法第三十二条免于刑事处分的。

劳动者被人民法院判处拘役、3年以下有期徒刑缓刑的，用人单位可以解除劳动合同。

第二十八条　［提议罢免会员代表的主体］

选举单位工会或三分之一以上会员或会员代表有权提出罢免会员代表。

会员或会员代表联名提出罢免的，选举单位工会应及时召开会员代表大会进行表决。

条文主旨

本条是关于怎样启动罢免会员代表程序的规定。

主要背景

会员代表可以被罢免，罢免就要遵循一定的程序，没有程序就难以执行。原《暂行规定》第十四条第二款规定：“代表的罢免必须经过原选举单位全体会员过半数通过，并经基层工会委员会审批。”这一规定明确了罢免会员代表的两个环节：经选举单位全体会员过半数通过；经基层工会委员会审批。但没有规定罢免的启动程序，如果没有启动环节，后续程序也就难以进行。

怎样启动罢免程序，原《暂行规定》没有规定，工会其他规范性文件也没有规定，这是制度上的空白点。我们研究一下相关的规定，《工会法》第十六条规定：“基层工会委员会定期召开会员大会或者会员代表大会，讨论决定工会工作的重大问题。经基层工会委员会或者三分之一以上的工会会员提议，可以临时召开会员大会或者会员代表大会。”这一规定明确，“基层工会委员会”“三分之一以上的工会会员”有权提议临时召开会员大会或者会员代表大会。《中国工会章程》第二十六条第一款也作出了相同的规定，第二款明确了会员大会或者会员代表大会的五项职权，其中第（四）项职权是：“撤换或者罢免其所选举的代表或者工会委员会组成人员。”

根据这些规定，我们可以推理，“基层工会委员会”“三分之一以上的工会会员”有权提议临时召开会员大会或者会员代表大会，而会员大会或者会员代表大会有权罢免选举的会员代表。

另外，会员代表可以由会员大会选举产生，管理层级较多的，也可以由下一级工会会员代表大会选举产生。三分之一以上的工会会员有权提议罢免会员代表，三分之一以上的工会会员代表也应有权提议罢免会员代表。

条文解析

本条第一款明确谁有权提出罢免会员代表，第二款规定选举单位工会怎样回应会员或会员代表提出的罢免议案。

第一，选举单位工会或三分之一以上会员或会员代表有权提出罢免会员代表。这一规定明确了三个主体：选举单位工会、三分之一以上会员、三分之一以上会员代表。比《工会法》《中国工会章程》增加了一个主体——三分之一以上会员代表。本条例第十五条第二款规定：“会员代表由选举单位会员大会选举产生。规模较大、管理层级较多的单位，会员代表可由下一级会员代表大会选举产生。”根据权责统一的原则，谁选举代表，谁就有权提议罢免。既然下一级会员代表大会可以选举会员代表，自然也应有权提出罢免本级大会选举产生的会员代表。

注意：三分之一会员或会员代表，包括以三分之一比例计算的本数，比如，会员或会员代表为60人的，至少得20人提议，会员或会员代表为65人的，至少得22人提议。

第二，会员或会员代表联名提出罢免的，选举单位工会应及时召开会员代表大会进行表决。这是针对现实中可能出现的情况而作出的规定。当三分之一以上的会员或会员代表提出罢免会员代表时，选举单位工会有可能不召集会员代表大会进行表决，这将导致会员或会员代表的罢免案半途而废。为避免出现这种情况，本条特别规定，会员或会员代表联名提出罢免的，联名人数只要占会员或会员代表三分之一以上，选举单位工会就应及时召开会员代表大会进行表决，不得以各种理由推托。关于“及时”一词，意为不拖延、马上、立刻，这是一个原则性表述，没有明确具体是多长时间，也不可能明确。是否做到“及时”，关键要看会员或会员代表的感受，但总不能拖一两个月吧。

参考规定

1.《全国人民代表大会和地方各级人民代表大会选举法》

第四十九条　对于县级的人民代表大会代表，原选区选民五十人以上联名，对于乡级的人民代表大会代表，原选区选民三十人以上联名，可以向县级的人民代表大会常务委员会书面提出罢免要求。

罢免要求应当写明罢免理由。被提出罢免的代表有权在选民会议上提出申辩意见，也可以书面提出申辩意见。

县级的人民代表大会常务委员会应当将罢免要求和被提出罢免的代表的书面申辩意见印发原选区选民。

表决罢免要求，由县级的人民代表大会常务委员会派有关负责人员主持。

第五十条　县级以上的地方各级人民代表大会举行会议的时候，主席团或者十分之一以上代表联名，可以提出对由该级人民代表大会选出的上一级人民代表大会代表的罢免案。在人民代表大会闭会期间，县级以上的地方各级人民代表大会常务委员会主任会议或者常务委员会五分之一以上组成人员联名，可以向常务委员会提出对由该级人民代表大会选出的上一级人民代表大会代表的罢免案。罢免案应当写明罢免理由。

县级以上的地方各级人民代表大会举行会议的时候，被提出罢免的代表有权在主席团会议和大会全体会议上提出申辩意见，或者书面提出申辩意见，由主席团印发会议。罢免案经会议审议后，由主席团提请全体会议表决。

县级以上的地方各级人民代表大会常务委员会举行会议的时候，被提出罢免的代表有权在主任会议和常务委员会全体会议上提出申辩意见，或者书面提出申辩意见，由主任会议印发会议。罢免案经会议审议后，由主任会议提请全体会议表决。

2.《工会法》

第十六条　基层工会委员会定期召开会员大会或者会员代表大会，讨论决定工会工作的重大问题。经基层工会委员会或者三分之一以上的工会会员提议，可以临时召开会员大会或者会员代表大会。

3.《中国工会章程》

第二十六条　工会基层组织的会员大会或者会员代表大会，每年至少召开一次。经基层工会委员会或者三分之一以上的工会会员提议，可以临时召开会员大会或者会员代表大会。工会会员在一百人以下的基层工会应当召开会员大会。

工会会员大会或者会员代表大会的职权是：

（一）审议和批准工会基层委员会的工作报告。

（二）审议和批准工会基层委员会的经费收支情况报告和经费审查委员会的工作报告。

（三）选举工会基层委员会和经费审查委员会。

（四）撤换或者罢免其所选举的代表或者工会委员会组成人员。

（五）讨论决定工会工作的重大问题。

工会基层委员会和经费审查委员会每届任期三年至五年，具体任期由会员大会或者会员代表大会决定。任期届满，应当如期召开会议，进行换届选举。在特殊情况下，经上一级工会批准，可以提前或者延期举行。

会员代表大会的代表实行常任制，任期与本单位工会委员会相同。

第二十九条 ［罢免会员代表的有效条件］

罢免会员代表，应经过选举单位全体会员过半数通过；由会员代表大会选举产生的代表，应经过会员代表大会应到会代表的过半数通过。

条文主旨

本条是关于什么条件下罢免会员代表有效的规定。

主要背景

什么条件下罢免会员代表有效，实际上是一个标准设定问题，没有标准就无法判定是否有效。选举会员代表时，候选人应获得选举单位全体会员过半数赞成票，方能当选；罢免会员代表时，自然也应经选举单位全体会员过半数通过。原《暂行规定》第十四条第二款规定："代表的罢免必须经过原选举单位全体会员过半数通过，并经基层工会委员会审批。"这一规定明确了会员大会罢免会员代表的情况，但没有明确会员代表大会罢免会员代表的情况。另外，罢免会员代表经"基层工会委员会审批"似乎不妥，因为，会员大会是本级工会的最高领导机构，一旦罢免提案通过，就应当有效，基层工会委员会应尊重下一级会员大会或会员代表大会的决定，无须经过审批。

条文解析

本条分两种情况对罢免会员代表的有效条件作出了规定。

第一，罢免会员代表，应经过选举单位全体会员过半数通过。这是针对会员大会选举的会员代表如被罢免所作出的规定，如会员代表是会员大会选举产生的，应经原选举单位全体会员过半数通过。

第二，由会员代表大会选举产生的代表，应经过会员代表大会应到会代表的过半数通过。这是针对会员代表大会选举的会员代表如被罢免所作出的规定，如会员代表是会员代表大会选举产生的，应经过会员代表大会应到会代表的过半数通过。

注意：“过半数”，不包括“半数”本身。比如全体会员或会员代表为60人，半数为30人，过半数不包括30人，至少得31人同意罢免才能通过，如果全体会员或会员代表为61人，也得至少31人同意罢免才能通过。

因会员代表是采用投票方式选举产生的，罢免会员代表也应采用投票方式。一旦通过即有效，无须经过批准，实践中应向基层工会委员会报告备案。

参考规定

1.《全国人民代表大会组织法》

第四十五条　全国人民代表大会代表受原选举单位的监督。原选举单位有权罢免自己选出的代表。

罢免全国人民代表大会代表，须经原选举单位以全体代表的过半数通过。

省、自治区、直辖市的人民代表大会常务委员会在本级人民代表大会闭会期间，经全体组成人员的过半数通过，可以罢免本级人民代表大会选出的个别全国人民代表大会代表。

被罢免的代表可以出席上述会议或者书面申诉意见。罢免代表的决议，须报全国人民代表大会常务委员会备案。

2.《全国人民代表大会和地方各级人民代表大会选举法》

第五十一条　罢免代表采用无记名的表决方式。

第五十二条　罢免县级和乡级的人民代表大会代表，须经原选区过半数的选民通过。

罢免由县级以上的地方各级人民代表大会选出的代表，须经各该级人民代表大会过半数的代表通过；在代表大会闭会期间，须经常务委员会组成人员的过半数通过。罢免的决议，须报送上一级人民代表大会常务委员会备案、公告。

第五十三条　县级以上的各级人民代表大会常务委员会组成人员，县级以上的各级人民代表大会专门委员会成员的代表职务被罢免的，其常务委员会组成人员或者专门委员会成员的职务相应撤销，由主席团或者常务委员会予以公告。

乡、民族乡、镇的人民代表大会主席、副主席的代表职务被罢免的，其主席、副主席的职务相应撤销，由主席团予以公告。

第三十条　［补选会员代表］

会员代表出现缺额，原选举单位应及时补选。缺额超过会员代表总数四分之一时，应在三个月内进行补选。补选会员代表应依照选举会员代表的程序，进行差额选举，差额率应按照第十六条规定执行。补选的会员代表应报基层工会委员会进行资格审查。

条文主旨

本条是关于怎样补选会员代表的规定。

主要背景

因工作岗位变动、劳动合同终止或解除、长期病事假、外派、退休、死亡等原因，会员代表时常会出现空缺问题。为解决这一问题，原《暂行规定》第十五条规定："会员代表因故调离原单位，不能继续履行代表职责时，代表资格自然免除。原选举单位出现的会员代表的缺额，由全体会员另行选举，并报经基层工会委员会审批。"但这一规定的指向是"因故调离原单位"的情况，没有明确因其他原因出现会员代表空缺时应该怎么办。现实中，相当多的基层工会对会员代表出现空缺并不在意，很少进行补选，有多少人算多少人，有的甚至少于三分之二也照样召开会员代表大会，会员代表大会的权威性受到质疑，产生了许多不和谐因素。主观方面，一些基层工会对会员代表大会的重要性认识不够，认为多一个代表少一个代表关系不大；客观方面，会员代表出现空缺的情况经常发生，频繁召开会员代表大会补选代表也不切合实际。想要解决这一问题，应进行制度创新，既要强调原则性，也要考虑可行性，做到原则性与可行性的统一。同时，对补选会员代表的具体问题也应给予明确，比如，补选程序、差额比例、资格审查等。

条文解析

本条从一般原则、缺额底数、补选程序、资格审查等四个方面，对补选会员代表相关问题作出了规定。

第一，会员代表出现缺额，原选举单位应及时补选。这是应坚持的一般原则，会员代表大会是由全体会员代表组成的，如果出现缺额，会员代表大会的权威性将受到影响。因此，一般情况下，会员代表出现缺额时，原选举单位应及时补选。

第二，缺额超过会员代表总数四分之一时，应在三个月内进行补选。这是本条例的一个创新性规定，充分体现了原则性与可行性的统一。一般情况下，会员代表出现缺额时，原选举单位应及时补选，如果偶尔出现缺额，能够及时补选，但连续出现缺额，不可能频繁进行补选。因此，本规定划出一条底线，即缺额超过会员代表总数四分之一时，应在三个月内进行补选。为什么设定四分之一为底线呢？因为，至少三分之二的会员代表参会，会员代表大会才合法有效，缺额四分之一时，已逼近三分之二，如不及时补选，可能影响下次会员代表大会的召开。比如，某基层工会会员代表 60 人，三分之二为 40 人，缺额超过四分之一时，意味着至少缺额 16 人，代表数仅剩 44 人，已经逼近法定人数 40 人，这时应当尽快补选。之所以规定“应在三个月内进行补选”也是基于可行性问题，要给选举单位足够的准备时间。

第三，补选会员代表应依照选举会员代表的程序，进行差额选举，差额率应按照第十六条规定执行。这是一个援引性规定，补选会员代表应依照选举会员代表的程序，进行差额选举，差额率不得低于 15%。即按照会员代表的条件和补选名额，选举单位工会应组织会员讨论提出补选代表的候选人名单，召开有三分之二以上会员或会员代表参加的大会，采取无记名投票方式差额选举产生补选的会员代表。

注意：缺额的代表是一线会员的，补选的代表也应当是一线会员，缺额的代表是女会员的，补选的代表也应当是女会员。

第四，补选的会员代表应报基层工会委员会进行资格审查。这是关于对补选代表进行资格审查的规定。为维护会员代表大会的权威性，对补选的会员代表也应进行资格审查。审查的内容主要包括：是否是工会会员，是否符合会员代表的条件，是否符合民主选举的程序，是否符合代表的身份要求等。

注意：补选的会员代表任期为本届会员代表大会剩余的任期。

参考规定

1.《全国人民代表大会组织法》

第四十六条　全国人民代表大会代表因故出缺的，由原选举单位补选。省、自治区、直辖市的人民代表大会常务委员会在本级人民代表大会闭会期间，可以补选个别出缺的全国人民代表大会代表。

2.《全国人民代表大会和地方各级人民代表大会选举法》

第五十六条　代表在任期内，因故出缺，由原选区或者原选举单位补选。

地方各级人民代表大会代表在任期内调离或者迁出本行政区域的，其代表资格自行终止，缺额另行补选。

县级以上的地方各级人民代表大会闭会期间，可以由本级人民代表大会常务委员会补选上一级人民代表大会代表。

补选出缺的代表时，代表候选人的名额可以多于应选代表的名额，也可以同应选代表的名额相等。补选的具体办法，由省、自治区、直辖市的人民代表大会常务委员会规定。

对补选产生的代表，依照本法第四十六条的规定进行代表资格审查。

第四章　会员代表大会的召开

本章旨在明确会员代表大会运行的一些具体问题，主要包括：会员代表大会召开前应准备的事项和履行的程序、哪些人可以作为特邀代表和列席代表、会员评家、罢免主席和副主席及委员的条件和程序、通过电视电话和网络视频召开会员代表大会的条件、怎样区分会员代表大会与职工代表大会等内容。

第三十一条　［每届会员代表大会第一次会议前的报告］

每届会员代表大会第一次会议召开前，应将会员代表大会的组织机构、会员代表的构成、会员代表大会主要议程等重要事项，向同级党组织和上一级工会书面报告。上一级工会接到报告后应于15日内批复。

条文主旨

本条是一个程序性规定，明确每届会员代表大会第一次会议召开前，应向上一级工会报告哪些重要事项。

主要背景

上级工会领导下级工会是工会领导体制的一项重要原则，对此，《工会法》第九条第五款明确规定：“上级工会组织领导下级工会组织。”《中国工会章程》第九条第（六）项也规定：“工会各级领导机关，加强对下级组织的领导和服务，经常向下级组织通报情况，听取下级组织和会员的意见，研究和解决他们提出的问题。下级组织应及时向上级组织请示报告工作。”特别是涉及基层工会建立、撤销、换届选举，以及工会主席、副主席任期未满调动时，应向上一级工会报告并得到批准。比如，《工会法》第十一条第一款规定：“基层工会、地方各级总工会、全国或者地方产业工会组织的建立，必须报上一级工会批准。”《工会法》第十七条第一款规定：“工会主席、副主席任期未满时，不得随意调动其工作。因工作需要调动时，应当征得本级工会委员会和上一级工会的同意。”

因原《暂行规定》对此没有具体规定，现实中，一些基层工会缺乏组织观念，会前不请示，会后不报告，特别是涉及换届选举时，有的基层工会处于“失控”状态。时常听到这样的反映，有的基层工会换了主席、副主席，而上一级工会还不知道。基层工会召开会员代表大会是职工政治生活中的一件大事，特别是每届会员代表大会第一次会议，涉及基层工会领导机构选举、会员代表的构成、会议议程等重要问题，会议之前，基层工会应就重要事项向上一级工会书面请示报告，接受上一级工会的指导监督，经上一级工会批准后才能召开会员代表大会。这是起码的组织原则，应得到进一步强化。

因此，根据《工会法》《中国工会章程》的原则性规定，在具体操作上应明确在哪些情况下，基层工会召开会员代表大会时应向上一级工会报告。

条文解析

本条是一个程序性规定，明确每届会员代表大会第一次会议召开前，基层工会应将重要事项向同级党组织和上一级工会书面报告。上一级工会接到报告后应在规定的时间内批复。注意把握以下三个关键点：

*第一，每届会员代表大会第一次会议召开前。*基层工会会员代表大会实行的任期制，每届任期三年或者五年，任期届满之前应筹备召开下

一届会员代表大会，本届任期届满之时应召开下一届会员代表大会的第一次会议，选举新一届领导机构。如果是新成立的工会，在召开第一届会员代表大会第一次会议时，由工会筹备组来报告。

“召开前”，到底是多久呢？根据法定时间计算，上一级工会接到报告后应于15日内批复，批复后要进行不少于5个工作日的公示，考虑到公示期有可能跨越周末2日，这样法定时间最长为24日。如果上一级工会提出不同意见，基层工会应重新上报，可能时间会更长一些。实际工作中，基层工会或工会筹备组应考虑各种因素，尽可能留有余地。

第二，应将会员代表大会的组织机构、会员代表的构成、会员代表大会主要议程等重要事项，向同级党组织和上一级工会书面报告。这是关于报告重要事项和报告形式的规定。报告的重要事项主要分三大方面：会员代表大会的组织机构、会员代表的构成、会员代表大会的主要议程。

会员代表大会的组织机构包括：会议筹备领导机构组成情况，代表资格审查机构组成情况，提案处理机构组成情况，以及拟提名工会委员会、经费审查委员会、女职工委员会候选人情况等。

会员代表的构成包括：会员代表总人数、一线代表人数及所占比例，女职工、青年职工、劳动模范（先进工作者）等会员代表人数，特邀代表和列席代表的情况。

会员代表大会的主要议程包括：会议开幕式、会议致辞、工作报告、代表资格审查报告、提案处理报告、大会选举、大会总结等。

上述事项应以书面形式向同级党组织和上一级工会报告，而不能以口头形式报告。

第三，上一级工会接到报告后应于15日内批复。这是关于对上一级工会批复时间的规定。这一规定具有很强的现实针对性，实践中，有的工会组织履职尽责不到位，存在慵懒散现象，对下一级工会的请示报告回应不及时，甚至丢失请示报告，给工会形象和工会工作带来不利影响。为避免这一问题，这里明确规定上一级工会接到报告后应于15日内批复，即从接到报告之日起，批复时间最长不得超过15日。批复应当以书面形式，不能以口头、电话或电子邮件等其他形式。批复有两种可能：同意、不同意。不同意的，应提出修改意见，让下一级工会修改后重新上报。重新上报的，批复时间应重新计算。

参考规定

1.《工会法》

第十一条　基层工会、地方各级总工会、全国或者地方产业工会组织的建立，必须报上一级工会批准。

上级工会可以派员帮助和指导企业职工组建工会，任何单位和个人不得阻挠。

第十二条　任何组织和个人不得随意撤销、合并工会组织。

基层工会所在的企业终止或者所在的事业单位、机关被撤销，该工会组织相应撤销，并报告上一级工会。

依前款规定被撤销的工会，其会员的会籍可以继续保留，具体管理办法由中华全国总工会制定。

第十七条第一款　工会主席、副主席任期未满时，不得随意调动其工作。因工作需要调动时，应当征得本级工会委员会和上一级工会的同意。

2.《中国工会章程》

第九条第（六）项　工会各级领导机关，加强对下级组织的领导和服务，经常向下级组织通报情况，听取下级组织和会员的意见，研究和解决他们提出的问题。下级组织应及时向上级组织请示报告工作。

第十六条　成立或者撤销工会组织，必须经会员大会或者会员代表大会通过，并报上一级工会批准。工会基层组织所在的企业终止，或者所在的事业单位、机关和其他社会组织被撤销，该工会组织相应撤销，并报上级工会备案。其他组织和个人不得随意撤销工会组织，也不得把工会组织的机构撤销、合并或者归属其他工作部门。

第二十七条　工会基层委员会的委员，应当在会员或者会员代表充分酝酿协商的基础上选举产生；主席、副主席，可以由会员大会或者会员代表大会直接选举产生，也可以由工会基层委员会选举产生。大型企业、事业单位的工会委员会，根据工作需要，经上级工会委员会批准，可以设立常务委员会。工会基层委员会、常务委员会和主席、副主席以及经费审查委员会的选举结果，报上一级工会批准。

3.《工会基层组织选举工作条例》

第六条　选举工作在同级党组织和上一级工会领导下进行。未建立党组织的在上一级工会领导下进行。

第十二条　基层工会委员会的委员候选人，应经会员充分酝酿讨论，一般以工会分会或工会小组为单位推荐。由上届工会委员会或工会筹备组根据多数工会分会或工会小组的意见，提出候选人建议名单，报经同级党组织和上一级工会审查同意后，提交会员大会或会员代表大会表决通过。

第十三条　基层工会委员会的常务委员会委员、主席、副主席候选人，可以由上届工会委员会或工会筹备组根据多数工会分会或工会小组的意见提出建议名单，报经同级党组织和上一级工会审查同意后提出；也可以由同级党组织与上一级工会协商提出建议名单，经工会分会或工会小组酝酿讨论后，由上届工会委员会或工会筹备组根据多数工会分会或工会小组的意见，报经同级党组织和上一级工会审查同意后提出。

根据工作需要，经上一级工会与基层工会和同级党组织协商同意，上一级工会可以向基层工会推荐本单位以外人员作为工会主席、副主席候选人。

第二十九条　基层工会委员会、常务委员会和主席、副主席的选举结果，报上一级工会批准。上一级工会自接到报告15日内应予批复。违反规定程序选举的，上一级工会不得批准，应重新选举。

基层工会委员会的任期自选举之日起计算。

第三十二条　[每届会员代表大会第一次会议前的培训]

每届会员代表大会第一次会议召开前，基层工会委员会或工会筹备组应对会员代表进行专门培训，培训内容应包括工会基本知识、会员代表大会的性质和职能、会员代表的权利和义务、大会选举办法等。

条文主旨

本条是关于会员代表大会召开前对会员代表进行培训的规定。

主要背景

会员代表的素质是保证会员代表大会质量的基础和关键。毋庸回避，大多数会员对工会基本知识知之不多，特别是农民工会员对工会还比较陌生，只有一些简单的、零散的、模糊的认识。现实中，会员代表履职情况大致存在四种状态：有的想履职会履职、有的不想履职、有的想履职但不会履职、有的乱履职。具体表现为：一是有的会员代表责任意识不强，对参加会员代表大会态度消极，认为会员代表大会没什么作用，不认真审议大会材料，不发表意见建议，也不撰写代表提案；二是有的会员代表履职能力不强，时常说一些与会员代表大会无关的“雷人话语”，提一些与工会职责“不搭界”的意见建议；三是有的会员代表工作作风不实，没有把心思用在参政议政上，而是热衷于“唱赞歌”“拉关系”“走门子”。凡此种种，不同程度地影响会员代表大会的质量。

因此，加强对会员代表的培训是一项基础性、经常性工作，是十分必要的，通过培训不仅可以强化会员代表的履职意识、提升会员代表的履职能力，还可以增强会员代表的思想政治觉悟、坚定会员代表的理想信念。

条文解析

本条明确在每届会员代表大会第一次会议召开前，由基层工会委员会或工会筹备组对会员代表主要进行四个方面的培训，这四个方面的内容与会员代表大会密切相关。

第一，工会基本知识。这是一个最起码的要求，会员代表要履行好职责，首先应弄明白工会是一个什么样的组织，要了解工会的性质和职能、工会的地位和作用、工会的历史和现状，以及工会的领导体制、组织原则、工作原则和工作方针等基本知识。

第二，会员代表大会的性质和职能。会员代表大会是工会组织建设的一项重要制度，是基层工会的最高领导机构，会员代表应清楚自己肩负的使命，对会员代表大会要树立一种神圣感。应了解本条例第十二条规定的会员代表大会的七项职权，在职权范围内履行自己的职责，而不能“不务正业”，提出与职权无关的事项。

第三，会员代表的权利和义务。会员代表享有知情权、参与权和监督权，以及选举权、被选举权和表决权，任何组织和个人不得阻挠和限制。同时，会员代表应树立责任意识，认真履行本条例第二十条规定的六项职责，保持和发挥自己的先进性。

第四，大会选举办法。选举权、被选举权和表决权是会员代表最重要、最基本的民主权利。会员代表大会的一项重要职权是选举和补选工会领导机构组成人员，大会选举办法是实施选举的具体操作规则，由会员代表大会表决通过。会员代表应认真审议大会选举办法，重点审查选举办法是否违反法律及工会规范性文件的相关规定，是否违背公开、公正、公平的原则，是否符合本单位的实际。在选举、表决过程中，应珍惜自己的民主权利，充分体现自己的意志。

参考规定

1.《中国工会章程》

第四条　会员履行下列义务：

（一）认真学习贯彻习近平新时代中国特色社会主义思想，学习政治、经济、文化、法律、科学、技术和工会基本知识等。

（二）积极参加民主管理，努力完成生产和工作任务，立足本职岗位建功立业。

（三）遵守宪法和法律，践行社会主义核心价值观，弘扬中华民族传统美德，恪守社会公德、职业道德、家庭美德、个人品德，遵守劳动纪律。

（四）正确处理国家、集体、个人三者利益关系，向危害国家、社会利益的行为作斗争。

（五）维护中国工人阶级和工会组织的团结统一，发扬阶级友爱，搞好互助互济。

（六）遵守工会章程，执行工会决议，参加工会活动，按月交纳会费。

第三十四条　各级工会组织建立与健全干部培训制度。办好工会干部院校和各种培训班。

2.《工会基层组织选举工作条例》

第十四条　基层工会委员会的主席、副主席，在任职一年内应按规定参加岗位任职资格培训。凡无正当理由未按规定参加岗位任职资格培训的，一般不再提名为下届主席、副主席候选人。

第三十三条　［会员代表大会召开时间］

会员代表全部选举产生后，应在一个月内召开本届会员代表大会第一次会议。

条文主旨

本条是关于会员代表大会召开时间的规定。

主要背景

原《暂行规定》第十六条规定："每届基层工会代表大会第一次会议，应在本届基层工会代表大会代表选举完成过后一个月内，由上届基层工会委员会召集，并应将会议日期和建议会议讨论的事项提前 10 天通知代表。"但有的基层工会对这一规定落实不到位，会员代表选举产生后迟迟不召开大会，甚至一拖数月。这样做的不良后果有两点：一是上届工会委员会的法定任期已过，从法理上讲已无权履行上届工会的职责；二是这期间有的会员代表退休，有的调岗离职，造成会员代表结构发生变动，给会员代表大会的权威性带来一定影响。因此，有必要重申这一规定。

条文解析

本条明确会员代表全部选举产生后，应在一个月内召开本届会员代表大会第一次会议。注意把握两个关键点：

第一，会员代表全部选举产生后。指会员代表经各选举单位选举、上报、结构平衡、补选、资格审查等环节，会员代表的身份已全部确定。

第二，应在一个月内召开本届会员代表大会第一次会议。通常情况下，会员代表选举产生后，基层工会应及时召开本届会员代表大会第一次会议，如因故不能及时召开的，可以推迟，但推迟时间不得超过一个月。

参考规定

1.《全国人民代表大会组织法》

第一条　全国人民代表大会会议，依照中华人民共和国宪法的有关规定召集。

每届全国人民代表大会第一次会议，在本届全国人民代表大会代表选举完成后的两个月内由上届全国人民代表大会常务委员会召集。

2.《地方各级人民代表大会和地方各级人民政府组织法》

第十六条　地方各级人民代表大会每届第一次会议，在本届人民代表大会代表选举完成后的两个月内，由上届本级人民代表大会常务委员会或者乡、民族乡、镇的上次人民代表大会主席团召集。

第三十四条　［会员代表提案］

会员代表大会召开前，会员代表应充分听取会员意见建议，积极提出与会员切身利益和工会工作密切相关的提案，经基层工会委员会或工会筹备组审查后，决定是否列入大会议程。

条文主旨

本条是关于会员代表大会召开前，会员代表应怎样积极履行职责的规定。

主要背景

当选会员代表就意味着多了一份责任，应积极履行职责，为选举单位会员群众负责，并接受监督。但有的会员代表履职意识不强，甚至被动应付，会前不听取会员群众的意见建议，也不撰写提案，只是带着耳朵听会，这不利于提升会员代表大会的质量。当然，也有的会员代表想履行职责，但不知道怎样履行职责。撰写提案是会员代表履职的重要方式。因此，有必要从制度上明确，在会员代表大会之前，会员代表应积极撰写提案。

条文解析

本条明确会员代表履行职责的主要方式是撰写提案，并明确了怎样撰写提案、怎样处理提案等问题。

第一，撰写提案。撰写提案是会员代表履职的重要方式。撰写提案不能凭空想象，闭门造车，而应充分听取会员群众意见建议。会员群众的意见建议可能很多，不能“拾到篮里都是菜”，应在认真梳理分析的基础上，积极提出与会员切身利益和工会工作密切相关的提案。撰写提案不同于提意见，更不是“发牢骚”，要按照一定的格式，重点回答是什么、为什么、怎么办等问题。还要注意，提案不需要领导审批，以一人或多人的名义提交即可。

第二，提案处理。接到会员代表提案后，基层工会委员会或工会筹备组应进行认真审查，一般由提案委员会或提案小组具体办理。对提案内容不属于会员代表大会职权的，应劝提案人撤回；不符合提案要件的，应让提案人补充完善；对内容相同或类似的，应合并立案；对会员群众普遍关心的重大问题，应决定列入会员代表大会议程，形成决议。

参考规定

1.《全国人民代表大会组织法》

第十条　一个代表团或者三十名以上的代表，可以向全国人民代表大会提出属于全国人民代表大会职权范围内的议案，由主席团决定是否列入大会议程，或者先交有关的专门委员会审议、提出是否列入大会议程的意见，再决定是否列入大会议程。

第十一条　向全国人民代表大会提出的议案，在交付大会表决前，提案人要求撤回的，对该议案的审议即行终止。

2.《地方各级人民代表大会和地方各级人民政府组织法》

第十八条　地方各级人民代表大会举行会议的时候，主席团、常务委员会、各专门委员会、本级人民政府，可以向本级人民代表大会提出属于本级人民代表大会职权范围内的议案，由主席团决定提交人民代表大会会议审议，或者并交有关的专门委员会审议、提出报告，再由主席团审议决定提交大会表决。

县级以上的地方各级人民代表大会代表十人以上联名，乡、民族乡、镇的人民代表大会代表五人以上联名，可以向本级人民代表大会提出属于本级人民代表大会职权范围内的议案，由主席团决定是否列入大会议程，或者先交有关的专门委员会审议，提出是否列入大会议程的意见，再由主席团决定是否列入大会议程。

列入会议议程的议案，在交付大会表决前，提案人要求撤回的，经主席团同意，会议对该项议案的审议即行终止。

第十九条　县级以上的地方各级人民代表大会代表向本级人民代表大会及其常务委员会提出的对各方面工作的建议、批评和意见，由本级人民代表大会常务委员会的办事机构交有关机关和组织研究处理并负责答复。

乡、民族乡、镇的人民代表大会代表向本级人民代表大会提出的对各方面工作的建议、批评和意见，由本级人民代表大会主席团交有关机关和组织研究处理并负责答复。

第三十五条 ［召开会员代表大会的通知］

召开会员代表大会，应提前5个工作日将会议日期、议程和提交会议讨论的事项通知会员代表。

条文主旨

本条是关于召开会员代表大会应提前告知会员代表有关事项的规定。

主要背景

召开会员代表大会应提前告知会员代表有关事项，以便会员代表提前做好准备工作。原《暂行规定》第十六条规定："每届基层工会代表大会第一次会议，应在本届基层工会代表大会代表选举完成后一个月内，由上届基层工会委员会召集，并应将会议日期和建议会议讨论的事项提前10天通知代表。"这里明确应提前10天通知会员代表，但因各种原因，这一规定落实得不够理想，突出问题是，有的基层工会搞"突然袭击"，今天通知，明天开会。会员代表来不及仔细审阅有关文件材料，匆忙开会，影响会员代表大会的质量。

条文解析

本条是一个程序性规定，明确基层工会召开会员代表大会时，应提前5个工作日，将会议日期、议程和提交会议讨论的事项通知会员代表，以便会员代表提前做好准备工作。提前5个工作日比较适中，足够会员代表审阅材料，合理安排工作，也与选举公示期保持了一致。

参考规定

1.《全国人民代表大会组织法》

第二条　全国人民代表大会常务委员会应当在全国人民代表大会会议举行一个月以前，将开会日期和建议大会讨论的主要事项通知全国人民代表大会代表。

临时召集的全国人民代表大会会议不适用前款的规定。

2.《工会基层组织选举工作条例》

第十五条　基层工会组织实施选举前应向同级党组织和上一级工会报告，制定选举工作方案和选举办法。

基层工会委员会委员候选人建议名单应进行公示，公示期不少于5个工作日。

第三十六条　［会员代表大会预备会议］

每届会员代表大会第一次会议召开前，可举行预备会议，听取会议筹备情况的报告，审议通过关于会员代表资格审查情况的报告，讨论通过选举办法，通过大会议程和其他有关事项。

条文主旨

本条是关于每届会员代表大会第一次会议召开前，召开预备会议通过有关事项的规定。

主要背景

与届中召开会议不同，每届会员代表大会第一次会议的主要任务是换届选举，换届选举大会涉及事项多、程序多，要求严格，做好准备工作是基础和关键。因此，有必要召开预备会议，审议通过有关事项，确保选举工作顺利进行。原《暂行规定》第十八条规定："每届基层工会代表大会第一次会议召开前，应先举行预备会议，选举大会主席团和秘书长，通过本次大会的议程和有关事项。预备会议由基层工会委员会主持。"这一规定把预备会议作为了必经程序。但实际工作中，个别基层工会不愿召开预备会议，以致在正式会议上不时出现一些"意外"现象，甚至产生一些不和谐因素，给选举工作埋下了"隐患"。预备会议的作用有两点：一是发挥"铺路"作用，通过预备会议，完成准备程序，如发现问题，及时采取补救措施，避免正式会议发生意外；二是发挥协调沟通作用，通过预备会议上，对会员代表提出的意见建议作出解释说明，有利于形成共识。

条文解析

本条是一个引导性规定，没有把预备会议作为必经程序，由基层工会酌情决定。如果会员代表人数不多、单位内部比较和谐、沟通协调比较充分、准备工作比较完备，可以不用召开预备会议；如果感到仍有一些问题需要提前解决，为避免出现"意外"，可以召开预备会议，以便为正式会议"搭桥铺路"。预备会议的主要事项有四个方面：

第一，听取会议筹备情况的报告。向会员代表通报会议筹备的整个情况，包括会议筹备启动时间、会议筹备工作机构、请示报告和审批、代表名额确定、选区划分、候选人的酝酿产生、大会相关材料的准备等情况。

第二，审议通过关于会员代表资格审查情况的报告。提交会员代表资格审查情况报告，并审议通过。会员代表资格审查报告应说明预定代表人数、选举上报人数、资格审查结果、补选代表、最终代表人数、代表组成结构及特点等情况。

第三，讨论通过选举办法。选举办法是基层工会选举的具体操作规则，经会员代表大会表决通过后才能生效。选举办法应写明：基层工会委员会、经费审查委员会及女职工委员会的应选人数、候选人人数、差额人数；参会的有效人数；主席、副主席是直接选举，还是间接选举；怎样填写选票；计票方式，当选条件；选举结果有效条件；如当选委员人数不够，再次投票的方法；工会的届期时间等。选举办法不得与法律法规及工会有关规定相违背，不得违反公开、公平、公正的原则。

第四，通过大会议程和其他有关事项。大会议程应表决通过，议程包括开幕式、大会致辞、工作报告、大会选举、通过有关决议、当选人主席讲话、闭幕式等。其他有关事项，包括表决通过监票人建议名单、候选人建议名单、重大提案决议等。

参考规定

1.《全国人民代表大会组织法》

第五条　全国人民代表大会每次会议举行预备会议，选举本次会议的主席团和秘书长，通过本次会议的议程和其他准备事项的决定。预备会议由全国人民代表大会常务委员会主持。每届全国人民代表大会第一次会议的预备会议，由上届全国人民代表大会常务委员会主持。

2.《地方各级人民代表大会和地方各级人民政府组织法》

第十三条　县级以上的地方各级人民代表大会每次会议举行预备会议，选举本次会议的主席团和秘书长，通过本次会议的议程和其他准备事项的决定。

预备会议由本级人民代表大会常务委员会主持。每届人民代表大会第一次会议的预备会议，由上届本级人民代表大会常务委员会主持。

县级以上的地方各级人民代表大会举行会议的时候，由主席团主持会议。

县级以上的地方各级人民代表大会会议设副秘书长若干人；副秘书

长的人选由主席团决定。

3.《工会基层组织选举工作条例》

第十七条　参加选举的人数为应到会人数的三分之二以上时，方可进行选举。

基层工会委员会委员和常务委员会委员应差额选举产生，可以直接采用候选人数多于应选人数的差额选举办法进行正式选举，也可以先采用差额选举办法进行预选产生候选人名单，然后进行正式选举。委员会委员和常务委员会委员的差额率分别不低于5%和10%。常务委员会委员应从新当选的工会委员会委员中产生。

第三十七条　［会员代表大会列席代表和特邀代表］

召开会员代表大会时，未当选会员代表的经费审查委员会委员、女职工委员会委员应列席会议，也可以邀请有关方面的负责人或代表列席会议。

可以邀请获得荣誉称号的人员、曾经作出突出贡献的人员作为特邀代表参加会议。

列席人员和特邀代表仅限本次会议，可以参加分组讨论，不承担具体工作，不享有选举权、表决权。

条文主旨

本条是关于列席代表、特邀代表有关问题的规定。

主要背景

召开会员代表大会是本单位职工政治生活中的一件大事，广为关注，可邀请有关方面的人员参加会议。原《暂行规定》第二十五条规定："基层工会代表大会举行会议时，本届基层工会经费审查委员会委员应列席会议。"这一规定与现实要求存在脱节现象，主要问题有四：一是只是明确了经费审查委员会应列席会议，存在一定的局限性，比如本单位党政负责人、上一级工会代表等也可以列席会议；二是表述也不够严谨，如果本届工会经费审查委员会委员当选了新一届会员代表，就不是列席会议，而是出席会议；三是对特邀代表没有作出规定；四是对列席代表的权利和义务没有作出明确。

为给基层工会提供基本遵循，有必要从制度上明确哪些人员可以作为列席代表，哪些人员可以作为特邀代表，列席代表、特邀代表有哪些权利。

条文解析

本条明确了哪些人员可以作为列席代表，哪些人员可以作为特邀代表，列席代表、特邀代表有哪些权利。

第一，明确哪些人员可以作为列席代表。一是未当选会员代表的经费审查委员会委员，因为他们是上届工会组织领导机构的成员；二是未当选会员代表的女职工委员会委员，因为她们也是上届工会组织领导机构的成员；三是有关方面的负责人或代表，比如，本单位党政方面的负责人、上级工会的代表、劳务派遣工代表、合作单位的代表等。本条例用的是"可以"，而不是"应当"，由基层工会根据实际酌情掌握。

第二，明确哪些人员可以作为特邀代表。一是获得荣誉称号的人员，他们是职工群众的先进分子，比如，劳动模范、五一劳动奖章获得者，以及受到其他表彰的人员，如没有当选会员代表或者离退休的，可作为特邀代表，以体现工会组织的先进性；二是曾经作出突出贡献的人员，比如，本单位的创业人员、科研骨干人员等，他们对本单位的发展是有功劳的，我们不能忘记，可作为特邀代表。

第三，列席代表和特邀代表的权利。列席代表和特邀代表毕竟不是会员代表，虽应邀出席会议，但权利义务与正式代表应有所不同。因此，本条明确三点：一是仅限本次会议；二是可以参加分组讨论，不承担具体工作；三是不享有选举权、表决权。

注意：这里没有写“被选举权”，为什么？因为，工会领导机构的候选人可以是会员代表，也可以不是会员代表，有的列席代表、特邀代表可能是新一届工会领导机构的候选人。

参考规定

1.《全国人民代表大会组织法》

第四十一条　全国人民代表大会代表应当同原选举单位和人民保持密切联系，可以列席原选举单位的人民代表大会会议，听取和反映人民的意见和要求，努力为人民服务。

2.《地方各级人民代表大会和地方各级人民政府组织法》

第三十七条　地方各级人民代表大会代表应当与原选区选民或者原选举单位和人民群众保持密切联系，听取和反映他们的意见和要求。

省、自治区、直辖市、自治州、设区的市的人民代表大会代表可以列席原选举单位的人民代表大会会议。

县、自治县、不设区的市、市辖区、乡、民族乡、镇的人民代表大会代表分工联系选民，有代表三人以上的居民地区或者生产单位可以组织代表小组。

第三十八条　［工会领导机构选举适用］

基层工会委员会、经费审查委员会及女职工委员会的选举工作，依照《工会基层组织选举工作条例》规定执行。

条文主旨

这是关于选举基层工会领导机构的援引性规定。

主要背景

基层工会领导机构包括基层工会委员会、经费审查委员会及女职工委员会。基层工会委员会、经费审查委员会由会员大会或会员代表大会选举产生，接受其监督，并向其负责。基层工会成立的一般程序是：确定代表人数——划分选区——选举会员代表——召开会员代表大会——选举工会委员会。建立一级工会财务管理的，同时选举工会经费审查委员会，有女会员10人以上的，女会员代表可选举女职工委员会。本条例主要规范会员代表人数、划分选区、选举会员代表、召开会员代表大会的有关问题，而怎样选举工会领导机构应依照《工会基层组织选举工作条例》执行。所以，本条例和《工会基层组织选举工作条例》是相互衔接、相互配套的两项重要制度。

条文解析

本条是一个援引性规定，属于技术性条款，本身没有实质内容，意在引导基层工会如涉及基层工会委员会、经费审查委员会及女职工委员会选举的，请依照《工会基层组织选举工作条例》规定执行，本条例不再重复规定。

参考规定

1.《工会法》

第五十五条　工会工作人员违反本法规定，损害职工或者工会权益的，由同级工会或者上级工会责令改正，或者予以处分；情节严重的，依照《中国工会章程》予以罢免；造成损失的，应当承担赔偿责任；构成犯罪的，依法追究刑事责任。

2.《劳动合同法实施条例》

第三十六条　对违反劳动合同法和本条例的行为的投诉、举报，县级以上地方人民政府劳动行政部门依照《劳动保障监察条例》的规定处理。

第三十七条　劳动者与用人单位因订立、履行、变更、解除或者终止劳动合同发生争议的，依照《中华人民共和国劳动争议调解仲裁法》的规定处理。

第三十九条　［会员评家和民主测评］

会员代表大会应每年对基层工会开展工作、建设职工之家和工会主席、副主席履行职责等情况进行民主评议，在民主评议的基础上，以无记名投票方式进行测评，测评分为满意、基本满意、不满意三个等次。测评结果应及时公开，并书面报告同级党组织和上一级工会。

基层工会主席、副主席测评办法应由会员代表大会表决通过，并报上一级工会备案。

条文主旨

本条是关于会员代表大会对建设职工之家和工会主席、副主席履行职责等情况进行民主评议的规定。

主要背景

会员评家制度早在 1992 年就已建立。原《暂行规定》第二十条第一款规定：“届期内工会代表大会一般每年召开一次。每次代表大会都应对工会工作进行一次民主评议，按‘职工之家’标准检查是否合格，并将评议结果报上级工会。同时，对工会领导人进行民主评议，每两年结合民主评议对工会领导人民主测评一次。经民主测评，凡获得信任票不足半数者，应报请上级工会和干部主管部门共同进行考察。如确认其不能再担任现任职务时，应由代表大会作出决定，予以撤换或罢免。”

2009 年 6 月 24 日，中华全国总工会就会员评家工作专门印发《关于开展会员评议职工之家活动的意见》，明确了会员评家的基本内容（健全体系、促进科学发展、履行维权职责、实施素质工程、服务职工群众、加强自身建设）；会员评家的方式方法；会员评家的激励与约束；会员评家的组织领导等若干问题。为推动会员评家制度落实，中华全国总工会基层工作部每年组织各省（区、市）总工会开展会员评家自查活动，并上报自查报告，从中选编一些评家自查报告印发各地，供借鉴参考。

贯彻会员评家制度虽取得一定成绩，但总体来看并不理想，主要问题：一是相当多的基层工会没有开展会员评家工作；二是已开展会员评家的基层工会，有的内容空化虚化，搞形式走过场的倾向明显；三是有的“跑调变味”，异化为上级工会对下级工会的考核，有的随意扩大民主测评人员范围，把工会工作人员纳入测评对象；四是因各种原因，有的省（区、市）总工会检查督促推动不力，会员评家工作远未落地。

会员评家是工会组织建设的一项重要制度，是保障会员主体地位的有效举措，是加强职工之家建设的有效手段。本条例第十二条已把会员评家正式写入会员代表大会的职权，为使这一职权落地落实，有必要对会员评家的一些关键问题予以明确。

条文解析

本条对会员评家的关键问题作出了规定，明确了评议什么、怎样评议、评议结果怎样办、评议办法怎样制定等四个方面的问题。

第一，评议什么。本条规定了三项民主评议内容：基层工会开展工作、建设职工之家和工会主席、副主席履行职责等情况。基层工会开展工作情况，侧重于工会围绕中心服务大局、提高职工素质所完成的工作；建设职工之家情况，侧重于工会自身建设和服务职工所完成的工作；工会主席、副主席履行职责情况，侧重于工会主席、副主席本人的政治思想、履职尽责、管理队伍、调查研究、服务职工等方面所完成的事项，不能以工会整体工作代替本人的工作。除以上内容外，还可以根据实际增加其他内容，比如，提案落实、解决基层困难，以及工会主席、副主席的工作作风、廉洁自律、依法办事等。

第二，怎样评议。在民主评议的基础上，由全体会员代表以无记名投票方式，对基层工会主席、副主席进行民主测评，测评票分为满意、基本满意、不满意三个等次。任何组织和个人不得强迫会员或会员代表违背自己的意愿来投测评票。

注意：一是民主测评只能是会员代表参与，其他人员不得参与；二是民主测评只能以无记名投票方式进行，而不能采取其他方式；三是民主测评对象是基层工会主席、副主席，而不涉及基层工会其他委员，也不涉及工会经费审查委员和女职工委员，更不涉及工会工作人员。

第三，评议结果怎样办。民主测评结果应及时公开，确保会员代表的知情权。同时，应把民主测评结果书面报告同级党组织和上一级工会，以便同级党组织和上一级工会及时掌握工会主席、副主席履职情况。

第四，评议办法怎样制定。测评办法是民主测评的具体规则，对基层工会主席、副主席的测评办法由基层工会起草，经会员代表大会表决通过后方能有效，同时，报上一级工会备案。

注意：本条例没有规定满意、基本满意、不满意的具体标准，主要考虑的是，每个基层工会的情况各不相同，应从实际出发，不能搞“一刀切”，不宜制定统一的标准，由会员代表大会作出决定最为合理。

参考规定

1.《企业工会工作条例》

第九条　会员大会或会员代表大会的职权：

（一）审议和批准工会委员会的工作报告。

（二）审议和批准工会委员会的经费收支情况报告和经费审查委员会的工作报告。

（三）选举工会委员会和经费审查委员会。

（四）听取工会主席、副主席的述职报告，并进行民主评议。

（五）撤换或者罢免其所选举的代表或者工会委员会组成人员。

（六）讨论决定工会工作其他重大问题。

2.《机关工会工作暂行条例》

第十三条第二款　会员大会和会员代表大会的主要任务是：传达党组织、上级工会的重要指示精神；审议和批准工会委员会工作报告；审议和批准工会委员会的经费收支情况报告和经费审查委员会的工作报告；选举工会委员会、经费审查委员会；讨论决定工会工作的重大问题；公开工会内部事务；民主评议监督工会工作和工会领导人。

第四十条　［罢免基层工会主席、副主席和委员的法定情形］

基层工会主席、副主席，具有下列情形之一的，可以罢免：

（一）连续两年测评等次为不满意的；

（二）任职期间个人有严重过失的；

（三）被依法追究刑事责任的；

（四）其他需要罢免的情形。

基层工会委员会委员具有上述（二）（三）（四）项情形的，可以罢免。

条文主旨

本条是关于什么情形下可以罢免基层工会主席、副主席和工会委员会委员的规定。

主要背景

关于罢免基层工会组成人员，《工会法》第九条第四款规定："工会会员大会或者会员代表大会有权撤换或者罢免其所选举的代表或者工会委员会组成人员。"但没有明确罢免的法定情形和具体程序。《中国工会章程》第二十六条规定会员大会或会员代表大会的第（四）项职权是："撤换或者罢免其所选举的代表或者工会委员会组成人员。"《企业工会工作条例》第二十八条第二款规定："罢免工会主席、副主席必须召开会员大会或会员代表大会讨论，非经会员大会全体会员或者会员代表大会全体代表无记名投票过半数通过，不得罢免。"《企业工会主席产生办法（试行）》第二十二条第三款规定："罢免、撤换企业工会主席须经会员大会全体会员或者会员代表大会全体代表无记名投票过半数通过。"以上这些规定同样没有明确罢免的法定情形和罢免的具体程序，只是明确了一个必经程序——经会员大会全体会员或者会员代表大会全体代表无记名投票过半数通过。

2016 年 10 月 9 日，中华全国总工会印发的《工会基层组织选举工作条例》第三十二条规定："经会员大会或会员代表大会民主测评和上级工会与同级党组织考察，需撤换或罢免工会委员会委员、常务委员会委员和主席、副主席时，须依法召开会员大会或会员代表大会讨论，非经会员大会全体会员或会员代表大会全体代表无记名投票过半数通过，不得撤换或罢免。"与以往的规定相比，这一规定增加了两个程序：一是经会员大会或会员代表民主测评；二是上级工会与同级党组织考察。但罢免的法定情形和完整的罢免程序仍没有明确。因制度上的不完善，使罢免基层工会组成人员难以实施，给各级工会带来了不少困惑。

条文解析

本条列举了四种情形下可以罢免基层工会主席、副主席，三种情形下可以罢免基层工会委员。

第一，连续两年测评等次为不满意的。这是针对基层工会主席、副主席作出的规定。前面已经说过，会员大会或会员代表大会民主测评的对象是基层工会主席、副主席。民主测评不是为测评而测评，应有跟进的制约措施。如果第一次民主测评结果为不满意，可以视作警告的话，那么第二次民主测评结果仍为不满意，这说明不称职的可能性很大，可以予以罢免。

第二，任职期间个人有严重过失的。这是针对基层工会主席、副主席和委员作出的规定。根据最高人民法院关于《工会法》司法解释和原劳动部《劳动法》实施意见的相关规定，“严重过失”的情形是指：严重违反劳动纪律或者用人单位规章制度的；严重失职，营私舞弊，对用人单位利益造成重大损害的。如果基层工会主席、副主席和委员存在“严重过失”的情形，用人单位是可以解除劳动合同的，即使用人单位不解除劳动合同，也失去了先进性，可以予以罢免。

第三，被依法追究刑事责任的。这也是针对基层工会主席、副主席和委员作出的规定。如果基层工会主席、副主席和委员被依法追究刑事责任，说明基层工会主席、副主席和委员具有比较严重的违法行为，已经失去了作为工会主席、副主席和委员的条件，可以予以罢免。《劳动合同法》第三十九条规定，劳动者被依法追究刑事责任的，用人单位可以解除劳动合同。至于用人单位是否与其解除劳动合同，都可以罢免其主席、副主席和委员职务。

关于“被依法追究刑事责任”的含义，1995 年 8 月 4 日，原劳动部发布的《关于贯彻执行〈中华人民共和国劳动法〉若干问题的意见》第 29 规定，“被依法追究刑事责任”是指：被人民检察院免予起诉的、被人民法院判处刑罚的、被人民法院依据刑法第三十二条免予刑事处分的。

注意：这里的刑法是指1979年7月1日第五届全国人民代表大会第二次会议通过的刑法，其中第三十二条规定：“对于犯罪情节轻微不需要判处刑罚的，可以免予刑事处分，但可以根据案件的不同情况，予以训诫或者责令具结悔过、赔礼道歉、赔偿损失，或者由主管部门予以行政处分。”

第四，其他需要罢免的情形。这也是针对基层工会主席、副主席和委员作出的规定。该规定属于兜底性条款，即除前述三种情形之外的其他情形。这一规定看似不够具体，但包括了许多不便列举的情形，根据实际酌情处理。比如，基层工会主席、副主席和委员存在违反党的纪律、道德败坏、作风懒散、脱离群众、不敢担当等行为，失去大多数会员或会员代表信任时，都可以予以罢免。

参考规定

1. 《劳动法》

第二十五条　劳动者有下列情形之一的，用人单位可以解除劳动合同：

（一）在试用期间被证明不符合录用条件的；

（二）严重违反劳动纪律或者用人单位规章制度的；

（三）严重失职，营私舞弊，对用人单位利益造成重大损害的；

（四）被依法追究刑事责任的。

2. 最高人民法院关于在民事审判工作中适用《中华人民共和国工会法》若干问题的解释

第二条第二款　工会法第十八条规定的“个人严重过失”，是指具有《中华人民共和国劳动法》第二十五条第（二）项、第（三）项或者第（四）项规定的情形。

3. 原劳动部关于贯彻执行《中华人民共和国劳动法》若干问题的意见

29. 劳动者被依法追究刑事责任的，用人单位可依据劳动法第二十五条解除劳动合同。

“被依法追究刑事责任”是指：被人民检察院免予起诉的、被人民法院判处刑罚的、被人民法院依据刑法第三十二条免予刑事处分的。

劳动者被人民法院判处拘役、三年以下有期徒刑缓刑的，用人单位可以解除劳动合同。

第四十一条　［罢免基层工会主席、副主席和委员的程序］

本届工会委员会、三分之一以上的会员或会员代表可以提议罢免主席、副主席和委员。

罢免主席、副主席和委员的，应经同级党组织和上一级工会进行考察，未建立党组织的，由上一级工会考察。经考察，如确认其不能再担任现任职务时，应依法召开会员代表大会进行无记名投票表决，应参会人员过半数通过的，罢免有效，并报上一级工会批准。

条文主旨

本条是关于罢免基层工会主席、副主席和委员具体操作程序的规定。

主要背景

前面已经论述，虽然《工会法》《中国工会章程》《企业工会工作条例》《企业工会主席产生办法（试行）》都有关于罢免基层工会组成人员的规定，明确了一个必经程序——经会员大会全体会员或者会员代表大会全体代表无记名投票过半数通过。但具体操作程序不明确，操作性不强，难以落实。2007 年 10 月 8 日，原中华全国总工会基层组织建设部在给北京市总工会组织部《关于罢免基层工会主席有关问题的答复》中指出："罢免基层工会主席应按照以下程序进行：由会员大会或者会员代表大会对工会主席进行民主测评，凡获得信任票不足半数者，应报请上级工会和干部主管部门共同进行考察。如确认其不能担任现任职务时，交由会员大会或会员代表大会作出决定，经全体会员或者全体代表无记名投票过半数通过后，予以撤换或罢免。""因此三环相模新技术有限公司在未经上级工会及干部主管部门共同考察认可的情况下，以举手表决的方式通过罢免唐晓东工会主席的决议，是不符合法定程序的，应予纠正。"这一答复明确了具体操作程序：第一步，召开会员大会或者会员代表大会进行民主测评；第二步，如民主测评信任票不足半数的，由上级工会和干部主管部门进行考察；第三步，经考察确认不能胜任的，召开会员大会或者会员代表大会进行无记名投票，过半数同意罢免的，罢免有效。应该说，这一答复的操作性还是比较强的。但这一答复属于工作层面的意见，没有上升为正式的制度。

2016 年 10 月 9 日，中华全国总工会印发的《工会基层组织选举工作条例》第三十二条规定了三个程序：一是经会员大会或会员代表民主测评；二是上一级工会与同级党组织进行考察；三是召开会员大会或者会员代表大会进行无记名投票。但具体操作起来，仍存在一些困难，比如，谁来启动罢免程序、没有同级党组织怎么办、怎样确认罢免有效等程序仍是空白。没有程序就无法实施，应认真梳理以前的规定，从制度上进一步完善程序。

条文解析

本条用两款明确了罢免基层工会主席、副主席和委员的具体操作程序，第一款明确了提议罢免的主体，第二款明确了具体操作程序。

第一，谁有权提议罢免。从道理上讲，每个会员或会员代表都有权提议罢免基层工会组成人员，但仅仅一个会员或会员代表是不够的，必须具有一定的民意基础。《工会法》《中国工会章程》设定的提议主体是基层工会委员会或三分之一以上的会员，本规定明确了三个主体：本届工会委员会、三分之一以上的会员、三分之一以上会员代表。之所以增加三分之一以上会员代表，主要理由是，基层工会主席、副主席和委员是由会员代表大会选举的，理应有权提出罢免他们的提案。

第二，怎样实施罢免程序。综合梳理研究以往的规定，本规定明确了三个具体程序：第一步，考察。由同级党组织和上一级工会对提议罢免对象进行考察，未建立党组织的，由上一级工会考察。第二步，投票表决。经考察，如确认其不能再担任现任职务时，应依法召开会员大会或者会员代表大会进行无记名投票表决，应参会人员过半数通过的，罢免有效。第三步，批准。投票表决结果报上一级工会批准。这里的“批准”属于对罢免有效性的程序性确认，上一级工会不能改变基层工会会员大会或者会员代表大会的决定。

注意：本规定没有把经会员大会或会员代表大会民主测评作为必经程序，主要考虑的是，本条例第四十条已经明确了可以罢免的法定情形，具备法定情形的，才可以提议罢免基层工会主席、副主席和委员。接到罢免提议后，上一级工会和同级党组织应当首先进行考察，核实罢免理由。最后提交会员大会或会员代表大会进行投票表决，没必要再次召开会员大会或会员代表大会进行民主测评。

参考规定

1.《全国人民代表大会组织法》

第九条　全国人民代表大会主席团，全国人民代表大会常务委员会，全国人民代表大会各专门委员会，国务院，中央军事委员会，最高人民法院，最高人民检察院，可以向全国人民代表大会提出属于全国人民代表大会职权范围内的议案，由主席团决定交各代表团审议，或者并交有关的专门委员会审议、提出报告，再由主席团审议决定提交大会表决。

第十条　一个代表团或者三十名以上的代表，可以向全国人民代表大会提出属于全国人民代表大会职权范围内的议案，由主席团决定是否列入大会议程，或者先交有关的专门委员会审议、提出是否列入大会议程的意见，再决定是否列入大会议程。

第十五条　全国人民代表大会三个以上的代表团或者十分之一以上的代表，可以提出对于全国人民代表大会常务委员会的组成人员，中华人民共和国主席、副主席，国务院和中央军事委员会的组成人员，最高人民法院院长和最高人民检察院检察长的罢免案，由主席团提请大会审议。

第十八条　全国人民代表大会会议进行选举和通过议案，由主席团决定采用无记名投票方式或者举手表决方式或者其他方式。

2.《地方各级人民代表大会和地方各级人民政府组织法》

第二十六条　县级以上的地方各级人民代表大会举行会议的时候，主席团、常务委员会或者十分之一以上代表联名，可以提出对本级人民代表大会常务委员会组成人员、人民政府组成人员、人民法院院长、人民检察院检察长的罢免案，由主席团提请大会审议。

乡、民族乡、镇的人民代表大会举行会议的时候，主席团或者五分之一以上代表联名，可以提出对人民代表大会主席、副主席，乡长、副乡长，镇长、副镇长的罢免案，由主席团提请大会审议。

罢免案应当写明罢免理由。

被提出罢免的人员有权在主席团会议或者大会全体会议上提出申辩

意见，或者书面提出申辩意见。在主席团会议上提出的申辩意见或者书面提出的申辩意见，由主席团印发会议。

向县级以上的地方各级人民代表大会提出的罢免案，由主席团交会议审议后，提请全体会议表决；或者由主席团提议，经全体会议决定，组织调查委员会，由本级人民代表大会下次会议根据调查委员会的报告审议决定。

3.《工会基层组织选举工作条例》

第三十二条　经会员大会或会员代表大会民主测评和上级工会与同级党组织考察，需撤换或罢免工会委员会委员、常务委员会委员和主席、副主席时，须依法召开会员大会或会员代表大会讨论，非经会员大会全体会员或会员代表大会全体代表无记名投票过半数通过，不得撤换或罢免。

第四十二条　［电视电话、网络视频召开会员代表大会的条件］

规模较大、人数众多、工作地点分散、工作时间不一致，会员代表难以集中的基层工会，可以通过电视电话会议、网络视频会议等方式召开会员代表大会。不涉及无记名投票的事项，可以通过网络进行表决，如进行无记名投票的，可在分会场设立票箱，在规定时间内统一投票、统一计票。

条文主旨

本条是关于允许通过电视电话会议、网络视频会议等方式召开会员代表大会的规定。

主要背景

一般，召开会议，参会人员应集中到一起，这是十分必要的，有利于显示会议的严肃与庄重，如果会议内容涉及保密问题，还有利于保守秘密。但也存在会议组织工作量大、参会人员舟车劳顿、会议成本高等问题。当今时代，一般性的会议通过电视电话方式已经非常普及，特别是通过互联网召开视频会议的方式已广泛应用，实践证明，这是一种有效的方式。基层工会也应适应时代要求，运用现代通信手段，通过电视电话会议、网络视频会议等方式召开会员代表大会。但不是所有的会议都适合采用电视电话会议、网络视频会议的方式，这只能是会议的补充方式，应具备一定的条件，同时，应注意不得违背相关规定。

条文解析

本条是一个创设性条款，明确了通过电视电话会议、网络视频会议等方式召开会员代表大会的条件，通过网络进行表决的条件，怎样进行无记名投票等问题。

第一，可以通过电视电话会议、网络视频会议等方式召开会员代表大会的条件。本规定明确了四个情形条件和一个根本条件，规模较大、人数众多、工作地点分散、工作时间不一致是四种状态情形；根本条件是会员代表难以集中。“难以集中”是一种主观判断，由基层工会酌情考虑。具备这五个条件时，可以通过电视电话会议、网络视频会议等方式召开会员代表大会。

注意：这里写的是“可以”，意在强调，集中开会是主要方式，通过电视电话会议、网络视频会议等方式开会是补充方式。

第二，不涉及无记名投票的事项，可以通过网络进行表决。互联网虽然方便快捷，但查询信息源也很容易。无记名投票是一个重要原则，不得违背。因此，只有不涉及无记名投票的事项时，才可以通过网络进行表决。

第三，如进行无记名投票的，可在分会场设立票箱，在规定时间内统一投票、统一计票。电视电话会议、网络视频会议往往需要设立分会场，按照地域相近的原则，把会员代表相对集中到几个分会场。比如，补选主席、副主席和委员，需要进行无记名投票时，可在分会场设立票箱，在规定时间内统一投票、统一计票。即应同一时间投票，同一时间计票，分会场在同一时间计票后，然后报告主会场，由主会场汇总相加，当场公布选举是否有效及计票结果。

第四十三条　［会员代表大会与职工代表大会的区分］

会员代表大会与职工代表大会应分别召开，不得互相代替。如在同一时间段召开的，应分别设置会标、分别设定会议议程、分别行使职权、分别作出决议、分别建立档案。

条文主旨

本条是关于会员代表大会与职工代表大会应分别召开的规定。

主要背景

当前，会员代表大会与职工代表大会“两会合一”的问题非常突出，带来了许多法律风险，产生了许多不良后果。客观地讲，原《暂行规定》第四部分用四条对“会员代表大会与职工代表大会”作出的规定，初衷是好的，目的是方便基层工会操作，因基层工会委员会是职工代表大会的工作机构。原《暂行规定》第三十条这样规定：“会员代表大会与职工代表大会，可以分别举行，也可以结合举行，按会议议程分段召开。”这一规定写的是“结合”召开，而不是“合并”召开，必须把二者区分开来，但相当多的基层工会把“结合”当成了“合并”。第三十三条规定：“实行两会结合的单位的工会会员代表大会的召开，以及工会领导人的民主选举结果，仍按工会章程的规定，报上级工会审批。”但遗憾的是，当前各基层工会普遍实行“两会合一”，甚至一些省（区、市）总工会竟然力推“两会合一”。

“两会合一”模糊了会员代表大会与职工代表大会的性质，混淆了二者的职能，造成的法律风险主要有：一是职工代表大会选举、补选、罢免工会主席、副主席和委员，其合法性受到质疑；二是职工代表大会讨论决定工会内部事项，违反了《工会法》的规定；三是会员代表大会审议的规章制度，在涉及劳动争议案件仲裁诉讼时，不被劳动仲裁机构、人民法院所认可；四是会员代表大会通过的有关涉及职工权益的方案，其有效性受到质疑。

主张“两会合一”的理由有二：一是职工代表同时是会员代表，且人数相同；二是都是基层工会筹备召开的会议。

所以，这里有必要分析二者的区别：

一是设立的主体不同。职工代表大会是由单位行政建立的民主管理制度；而会员代表大会是由单位工会建立的工会组织建设制度。

二是性质不同。职工代表大会是职工行使民主权利的机构，是用人单位开展民主管理工作的制度；而会员代表大会是单位工会组织的最高权利机构，也是用人单位工会的最高领导机构。

三是职能不同。职工代表大会的职能是审议、讨论、通过、决定单位行政提出的有关事项；而会员代表大会的职能是审议、讨论、通过、决定单位工会内部的有关事务。

四是责任主体不同。职工代表大会由单位行政负责，工作格局是党委领导、行政负责、工会运作、职工广泛参与；而会员代表大会由单位工会负责。

五是监督对象不同。职工代表大会监督对象是单位行政；而会员代表大会的监督对象是单位工会领导机构。

六是代表候选人的范围不同。从现象上看，职工代表与会员代表完全重合。但从理论上看，职工代表候选人的范围与会员代表候选人的范围是不同的。职工代表的候选人必须与用人单位建立劳动关系，也就是通常说的本单位职工。比如，待岗、长期病休等离岗人员可以当选为职工代表，但不能当选为会员代表；而会员代表候选人必须是工会会员，不一定与用人单位建立劳动关系。比如，劳务派遣工会籍在用工单位工会的，有资格当选会员代表，但没有资格当选职工代表。

七是代表人数的计算方法不同。根据《企业民主管理规定》第八条的规定："职工代表人数按照不少于全体职工人数的百分之五确定，最少不少于三十人。职工代表人数超过一百人的，超出的代表人数可以由企业与工会协商确定"。《中华全国总工会办公厅关于规范召开企业职工代表大会的意见》第六条规定："企业职工人数在五十人以下的，应当召开职工大会。"职工代表数按百分之五确定，比如，一个用人单位有 2000 名职工，职工代表数正好为 100 名，如果有 3000 名职工，按 5% 的比例计算，职工代表为 150 名，当超出 100 名时，由企业与工会在 100 名以上到 150 名之间协商确定职工代表人数；而会员代表的人数在本条例第九条作出了新的规定，不是按照会员人数比例来计算，而是按照会员人数分档定额来确定的。会员不足 100 人，应召开会员大会，会员人数 100 人以上的应召开会员大会或会员代表大会。就前面举的例子看，会员 2000 人或 3000 人时，代表名额为 60—90 名，由基层工会在 60—90 名之间确定一个名额数，不存在与行政协商确定问题。

条文解析

本条就当前基层工会普遍存在的"两会合一"问题作出了限制性规定，从制度上把会员代表大会与职工代表大会严格区分开来，具有很强的现实针对性。理解本条规定，应把握两层含义。

第一，会员代表大会与职工代表大会应分别召开，不得互相代替。这是一个禁止性规定，也是一个总的原则要求。基于上述分析，因会员代表大会与职工代表大会是两个不同性质的会议，不能相混淆，不得相互替代，应分别召开。

第二，如在同一时间段召开的，应分别设置会标、分别设定会议议程、分别行使职权、分别作出决议、分别建立档案。虽然不能搞“两会合一”，但考虑代表身份重合、代表集中困难等因素，可以在同一时间段内召开，比如，今天召开职工代表大会，明天可以召开会员代表大会。如在同一时间段召开的，因“两会”有诸多不同，应分别设置会标、分别设定会议议程、分别行使职权、分别作出决议，最后应分别建立档案。

参考规定

1.《宪法》

第十六条　国有企业在法律规定的范围内有权自主经营。

国有企业依照法律规定，通过职工代表大会和其他形式，实行民主管理。

第十七条　集体经济组织在遵守有关法律的前提下，有独立进行经济活动的自主权。

集体经济组织实行民主管理，依照法律规定选举和罢免管理人员，决定经营管理的重大问题。

2.《企业民主管理规定》

第二条　企业民主管理工作应当坚持党的领导，以邓小平理论和“三个代表”重要思想为指导，深入贯彻落实科学发展观，坚定不移地贯彻落实党的全心全意依靠工人阶级的根本指导方针。

企业党组织应当加强对民主管理工作的领导和支持。

第三条 职工代表大会（或职工大会，下同）是职工行使民主管理权力的机构，是企业民主管理的基本形式。

企业应当按照合法、有序、公开、公正的原则，建立以职工代表大会为基本形式的民主管理制度，实行厂务公开，推行民主管理。公司制企业（以下简称公司）应当依法建立职工董事、职工监事制度。

企业应当尊重和保障职工依法享有的知情权、参与权、表达权和监督权等民主权利，支持职工参加企业管理活动。

3.《学校教职工代表大会规定》

第二条 本规定适用于中国境内公办的幼儿园和各级各类学校（以下统称学校）。

民办学校、中外合作办学机构参照本规定执行。

第三条 学校教职工代表大会（以下简称教职工代表大会）是教职工依法参与学校民主管理和监督的基本形式。

学校应当建立和完善教职工代表大会制度。

4.《企业工会工作条例》

第十条 会员大会或会员代表大会与职工代表大会或职工大会须分别行使职权，不得相互替代。

第四十四条 ［会员代表大会内容公开］

会员代表大会通过的决议、重要事项和选举结果等应当形成书面文件，并及时向会员公开。

条文主旨

本条是关于会务公开的规定。

主要背景

大家知道，工会是职工自愿结合的工人阶级的群众组织。但调研显示，基层工会特别是非公有制企业工会在成立之时，因宣传动员职工群众不够充分，履行相关程序不够严格，致使会员和职工群众感受不到工会组织的存在，甚至形同虚设，相当多的职工不知道本单位是否有工会、更多的职工不知道工会主席是谁。为此，2012 年 3 月，中华全国总工会印发《关于在企业工会实施“工会组织亮牌子、工会主席亮身份”的意见》。“双亮”从最基础、最现实、最易行的环节抓起，目的是提升职工群众对工会组织的知晓度。

事实上，仅有“双亮”是远远不够的，必须大力推进会务公开，把会员群众的知情权、参与权、选举权和监督权落实到工会工作的每一个环节。会员代表大会是职工群众政治生活的一件大事，会员代表大会通过的决议、重要事项和选举结果等应及时向会员公开，这有利于增强基层工会的吸引力凝聚力影响力。

条文解析

本条规定会员代表大会通过的决议、重要事项和选举结果等应当形成书面文件，并及时向会员公开。旨在推进会务公开，保障会员群众知情权、监督权，扩大工会组织的影响力。

第一，通过的决议。比如，关于工会工作报告的决议、工会经费审查报告的决议、提案落实情况报告的决议等。

第二，重要事项。比如，为职工群众解决哪些问题，举办哪些实事，基层工会建家的民主评议结果，推荐先进个人和先进集体的情况等。

第三，选举结果。选举哪些人员组成基层工会委员会、经费审查委员会及女职工委员会，选举谁当选上一级会员代表。如果是补选，补选的人员是谁；如果是罢免，罢免的结果是怎样的等。

参考规定

1.《集体合同规定》

第四十八条　生效的集体合同或专项集体合同，应当自生效之日起由协商代表及时以适当的形式向本方全体人员公开。

2.《企业工会工作条例》

第十九条　坚持群众化、民主化，实行会务公开。凡涉及会员群众利益的重要事项，须经会员大会或会员代表大会讨论决定；工作计划、重大活动、经费收支等情况接受会员监督。

第五章　附　则

本章旨在明确前面没有涉及的一些重要问题，包括：会员大会的适用、本条例的解释权、实施时间、怎样解决与其他规定相冲突、原《暂行规定》的废止等问题。

第四十五条　［会员大会的适用］

除会员代表的特别规定外，召开会员大会依照本条例相关规定执行。

条文主旨

本条是关于召开会员大会适用问题的规定。

主要背景

本条例是《基层工会会员代表大会条例》，显然本条例规范的是基层工会会员代表大会的若干问题，但不仅仅是规范基层工会会员代表大会，也规范基层工会会员大会。只是因为会员代表大会涉及的环节比较多，以“会员代表大会”统称而已。实际上，会员不足100人的小微企业数量庞大，对召开会员大会进行规范同等重要。原《暂行规定》第三十五条规定：“会员大会可以参照本规定的有关条款执行。”因这里写的是“可以”和“参照”，一些基层工会误认为可执行可不执行，甚至有的基层工会抛开《暂行规定》，凭感觉召开会员大会，会员大会缺乏严肃性、权威性，基层工会的民主化、规范化、法治化受到严重影响。因此，有必要对召开会员大会的适用问题作出特别规定。

条文解析

本条是一个指引性规定，理解本条规定应把握两个关键点：

第一，除会员代表的特别规定外。在起草本条例时，只要不涉及会员代表问题，都使用“会员大会或会员代表大会”的表述。这样不仅条款表述啰唆，而且阅读也不方便。后借鉴我国法律法规的立法技巧，统一使用了“会员代表大会”的表述。关于会员大会的适用问题，可以采用排除的办法来处理，即除会员代表的特别规定外，其他规定都适用于会员大会。

本条例关于会员代表的特别规定共涉及十七条。为方便读者，现列举如下：第八条会员代表大会组成结构、第九条关于会员代表的名额、第十四条会员代表条件、第十五条选举单位划分、第十六条会员代表差额选举、第十七条会员代表的当选、第十八条会员代表的资格审查和补选、第十九条会员代表的任期、第二十条会员代表的职责、第二十三条发挥会员代表作用、第二十四条保障会员代表待遇、第二十五条会员代表身份的自然终止、第二十六条对会员代表的监督、第二十七条罢免会员代表的情形、第二十八条罢免会员的提议、第二十九条罢免会员代表的程序、第三十条会员代表补选。除这十七条外，其他三十条都适用召开会员大会。

第二，召开会员大会依照本条例相关规定执行。除本条例涉及会员代表的十七条特别规定外，其他规定都适用召开会员大会。这里用的“依照”，即召开会员大会应按照本条例的相关规定执行，而不能离开本条例另搞一套。

参考规定

1.《劳动合同法》

第九十六条　事业单位与实行聘用制的工作人员订立、履行、变更、解除或者终止劳动合同，法律、行政法规或者国务院另有规定的，依照其规定；未作规定的，依照本法有关规定执行。

2.《企业工会工作条例》

第五十八条　本条例适用于中华人民共和国境内所有企业和实行企业化管理的事业单位工会。

第四十六条　［本条例解释主体］

本条例由中华全国总工会负责解释。

条文主旨

本条是关于本条例解释权的规定。

主要背景

法的解释是特定的人或组织依据立法原意和法律意识对法及其他规范性文件的具体内容、含义和术语所作的分析、说明和解答。法的解释是正确适用法律及规范性文件的一个重要条件，法及规范性文件所规定的是概括的、典型的、原则性的准则，因无法准确预见事物和行为可能发生的种种情态，不可能对现实生活的一切情况都作出详尽的规定。这就需要法的解释作为立法的补充，以调整复杂的、变化的具体事件和关系。

根据解释主体和解释效力的不同，法的解释可以分为法定解释和非法定解释两类。法定解释，也称正式解释、有权解释，通常分为立法解释、司法解释和行政解释。非法定解释，又称非正式解释、无权解释。关于法的解释权，有的法律本身有规定，有的没有规定。原《暂行规定》第三十七条规定："本规定的解释权属全国总工会组织部。"因原《暂行规定》是由中华全国总工会组织部起草的，1992 年 4 月 14 日以中华全国总工会办公厅名义印发，规定由全国总工会组织部解释是可以的。

条文解析

本条旨在明确本条例的解释权。因本条例是以中华全国总工会名义印发的，中华全国总工会是本条例制定的主体，自然具有解释权。这属于法定解释、有权解释。

参考规定

1.《尘肺病防治条例》

第二十六条　本条例由国务院卫生行政部门和劳动部门联合进行解释。

2.《关于工资总额组成的规定》

第十四条　本规定由国家统计局负责解释。

第四十七条　［本条例施行时间、冲突处理、原《暂行规定》废止］

本条例自发布之日起施行，以往有关规定与本条例不一致的，以本条例为准。1992 年 4 月 14 日中华全国总工会办公厅印发的《关于基层工会会员代表大会代表实行常任制的若干暂行规定》同时废止。

条文主旨

本条是关于本条例施行时间、冲突处理、原《暂行规定》废止的规定。

主要背景

施行时间是法律法规规章立法必不可少的要件之一，否则，就无法执行。比如，《工会法》第五十七条规定："本法自公布之日起施行。1950 年 6 月 29 日中央人民政府颁布的《中华人民共和国工会法》同时废止。"关于基层会员代表大会制度，《工会法》及《中国工会章程》《工会基层组织选举工作条例》《企业工会工作条例》《机关工会工作暂行条例》等规范性文件中有一些原则的、零散的规定。当对同一问题与本条规定不一致时，应当明确怎样处理。同时，对原《暂行规定》是否继续有效，也应当予以明确。

条文解析

本条明确了三个问题：本条例施行时间、与其他规定冲突的处理、原《暂行规定》的废止。

第一，本条例施行时间。本条例发布的时间是 2019 年 1 月 15 日，发布时间就是施行的时间。

第二，与其他规定冲突的处理。本条明确，以往有关规定与本条例不一致的，以本条例为准。这是关于条例效力问题的规定。应把握两点：一是 2019 年 1 月 15 日前，以中华全国总工会名义印发的规范性文件中，关于会员代表大会的规定与本条例规定不一致的，按照"新法优于旧法"的原则，应以本条例为准；二是中华全国总工会各部门或各全国产业工会制定的规范性文件中，关于会员代表大会的规定与本条例不一致的，按照"下位法服从上位法"的原则，应以本条例为准。

第三，原《暂行规定》的废止。本条明确，1992 年 4 月 14 日中华全国总工会办公厅印发的《关于基层工会会员代表大会实行常任制的若干暂行规定》同时废止。即自 2019 年 1 月 15 日开始，原《暂行规定》失去效力。需要注意两点：一是 2019 年 1 月 15 日前，按照《暂行规定》召开的基层工会会员代表大会仍然有效，直到任期届满，当任期届满需要换届时，应依照本条例规定执行；二是 2019 年 1 月 15 日后，新建立基层工会组织的，召开会员大会或会员代表大会应依照本条例规定执行。

参考规定

1.《工会法》

第五十七条　本法自公布之日起施行。1950 年 6 月 29 日中央人民政府颁布的《中华人民共和国工会法》同时废止。

2.《劳动合同法》

第九十七条　本法施行前已依法订立且在本法施行之日存续的劳动合同，继续履行；本法第十四条第二款第三项规定连续订立固定期限劳动合同的次数，自本法施行后续订固定期限劳动合同时开始计算。

本法施行前已建立劳动关系，尚未订立书面劳动合同的，应当自本法施行之日起一个月内订立。

本法施行之日存续的劳动合同在本法施行后解除或者终止，依照本法第四十六条规定应当支付经济补偿的，经济补偿年限自本法施行之日起计算；本法施行前按照当时有关规定，用人单位应当向劳动者支付经济补偿的，按照当时有关规定执行。

第九十八条　本法自 2008 年 1 月 1 日起施行。

3.《中国共产党基层组织选举工作暂行条例》

第三十五条　本条例自发布之日起施行。过去有关党的基层组织选举工作的规定、办法与本条例不一致的，按本条例执行。

4.《工会基层组织选举工作条例》

第四十三条　本条例自发布之日起施行，以往有关规定与本条例不一致的，以本条例为准。1992 年 5 月 18 日全国总工会办公厅印发的《工会基层组织选举工作暂行条例》同时废止。

附　录

中华全国总工会关于印发《基层工会会员代表大会条例》的通知

（总工发〔2019〕6号）

各省、自治区、直辖市总工会，各全国产业工会，中央和国家机关工会联合会筹备组，全总各部门、各直属单位：

《基层工会会员代表大会条例》已经中华全国总工会第十七届书记处第4次会议审议通过，现印发给你们，请结合实际，认真贯彻执行。

中华全国总工会
2019年1月15日

基层工会会员代表大会条例

第一章　总　则

第一条　为完善基层工会会员代表大会制度，推进基层工会民主化、规范化、法治化建设，增强基层工会政治性、先进性、群众性，激发基层工会活力，发挥基层工会作用，根据《中华人民共和国工会法》《中国工会章程》等有关规定，制定本条例。

第二条　本条例适用于企业、事业单位、机关、社会团体和其他社会组织单独或联合建立的基层工会组织。

乡镇（街道）、开发区（工业园区）、村（社区）建立的工会委员会，县级以下建立的区域（行业）工会联合会，如召开会员代表大会的，依照本条例执行。

第三条 会员不足100人的基层工会组织，应召开会员大会；会员100人以上的基层工会组织，应召开会员大会或会员代表大会。

第四条 会员代表大会是基层工会的最高领导机构，讨论决定基层工会重大事项，选举基层工会领导机构，并对其进行监督。

第五条 会员代表大会实行届期制，每届任期三年或五年，具体任期由会员代表大会决定。会员代表大会任期届满，应按期换届。遇有特殊情况，经上一级工会批准，可以提前或延期换届，延期时间一般不超过半年。

会员代表大会每年至少召开一次，经基层工会委员会、三分之一以上的会员或三分之一以上的会员代表提议，可以临时召开会员代表大会。

第六条 会员代表大会应坚持党的领导，坚持民主集中制，坚持依法规范，坚持公开公正，切实保障会员的知情权、参与权、选举权、监督权。

第七条 基层工会召开会员代表大会应向同级党组织和上一级工会报告。换届选举、补选、罢免基层工会委员会组成人员的，应向同级党组织和上一级工会书面报告。

上一级工会对下一级工会召开会员代表大会进行指导和监督。

第二章 会员代表大会的组成和职权

第八条 会员代表的组成应以一线职工为主，体现广泛性和代表性。中层正职以上管理人员和领导人员一般不得超过会员代表总数的20%。女职工、青年职工、劳动模范（先进工作者）等会员代表应占一定比例。

第九条 会员代表名额，按会员人数确定：

会员 100 至 200 人的，设代表 30 至 40 人；

会员 201 至 1000 人的，设代表 40 至 60 人；

会员 1001 至 5000 人的，设代表 60 至 90 人；

会员 5001 至 10000 人的，设代表 90 至 130 人；

会员 10001 至 50000 人的，设代表 130 至 180 人；

会员 50001 人以上的，设代表 180 至 240 人。

第十条 会员代表的选举和会议筹备工作由基层工会委员会负责，新成立基层工会的由工会筹备组负责。

第十一条 会员代表大会根据需要，可以设立专门工作委员会（小组），负责办理会员代表大会交办的具体事项。

第十二条 会员代表大会的职权是：

（一）审议和批准基层工会委员会的工作报告；

（二）审议和批准基层工会委员会经费收支预算决算情况报告、经费审查委员会工作报告；

（三）开展会员评家，评议基层工会开展工作、建设职工之家情况，评议基层工会主席、副主席履行职责情况；

（四）选举和补选基层工会委员会和经费审查委员会组成人员；

（五）选举和补选出席上一级工会代表大会的代表；

（六）罢免其所选举的代表、基层工会委员会组成人员；

（七）讨论决定基层工会其他重大事项。

第三章 会员代表

第十三条 会员代表应由会员民主选举产生，不得指定会员代表。劳务派遣工会员民主权利的行使，如用人单位工会与用工单位工会有约定的，依照约定执行；如没有约定或约定不明确的，在劳务派遣工会员会籍所在工会行使。

第十四条 会员代表应具备以下条件：

（一）工会会员，遵守工会章程，按期缴纳会费；

（二）拥护党的领导，有较强的政治觉悟；

（三）在生产、工作中起骨干作用，有议事能力；

（四）热爱工会工作，密切联系职工群众，热心为职工群众说话办事；

（五）在职工群众中有一定的威信，受到职工群众信赖。

第十五条 会员代表的选举，一般以下一级工会或工会小组为选举单位进行，两个以上会员人数较少的下一级工会或工会小组可作为一个选举单位。

会员代表由选举单位会员大会选举产生。规模较大、管理层级较多的单位，会员代表可由下一级会员代表大会选举产生。

第十六条 选举单位按照基层工会确定的代表候选人名额和条件，组织会员讨论提出会员代表候选人，召开有三分之二以上会员或会员代表参加的大会，采取无记名投票方式差额选举产生会员代表，差额率不低于15%。

第十七条 会员代表候选人，获得选举单位全体会员过半数赞成票时，方能当选；由下一级会员代表大会选举时，其代表候选人获得应到会代表人数过半数赞成票时，方能当选。

第十八条 会员代表选出后，应由基层工会委员会或工会筹备组，对会员代表人数及人员结构进行审核，并对会员代表进行资格审查。

符合条件的会员代表人数少于原定代表人数的，可以把剩余的名额再分配，进行补选，也可以在符合规定人数情况下减少代表名额。

第十九条 会员代表实行常任制，任期与会员代表大会届期一致，会员代表可以连选连任。

第二十条 会员代表的职责是：

（一）带头执行党的路线、方针、政策，自觉遵守国家法律法规和本单位的规章制度，努力完成生产、工作任务；

（二）在广泛听取会员意见和建议的基础上，向会员代表大会提出提案；

（三）参加会员代表大会，听取基层工会委员会和经费审查委员会的工作报告，讨论和审议代表大会的各项议题，提出审议意见和建议；

（四）对基层工会委员会及代表大会各专门委员会（小组）的工作进行评议，提出批评、建议；对基层工会主席、副主席进行民主评议和民主测评，提出奖惩和任免建议；

（五）保持与选举单位会员群众的密切联系，热心为会员说话办事，积极为做好工会各项工作献计献策；

（六）积极宣传贯彻会员代表大会的决议精神，对工会委员会落实会员代表大会决议情况进行监督检查，团结和带动会员群众完成会员代表大会提出的各项任务。

第二十一条 选举单位可单独或联合组成代表团（组），推选团（组）长。团（组）长根据会员代表大会议程，组织会员代表参加大会各项活动；在会员代表大会闭会期间，按照基层工会的安排，组织会员代表开展日常工作。

第二十二条 基层工会讨论决定重要事项，可事先召开代表团（组）长会议征求意见，也可根据需要，邀请代表团（组）长列席会议。

第二十三条 基层工会应建立会员代表调研、督查等工作制度，充分发挥会员代表作用。

第二十四条 会员代表在法定工作时间内依法参加会员代表大会及

工会组织的各项活动，单位应当正常支付劳动报酬，不得降低其工资和其他福利待遇。

第二十五条　有下列情形之一的，会员代表身份自然终止：

（一）在任期内工作岗位跨选举单位变动的；

（二）与用人单位解除、终止劳动（工作）关系的；

（三）停薪留职、长期病事假、内退、外派超过一年，不能履行会员代表职责的。

第二十六条　会员代表对选举单位会员负责，接受选举单位会员的监督。

第二十七条　会员代表有下列情形之一的，可以罢免：

（一）不履行会员代表职责的；

（二）严重违反劳动纪律或单位规章制度，对单位利益造成严重损害的；

（三）被依法追究刑事责任的；

（四）其他需要罢免的情形。

第二十八条　选举单位工会或三分之一以上会员或会员代表有权提出罢免会员代表。

会员或会员代表联名提出罢免的，选举单位工会应及时召开会员代表大会进行表决。

第二十九条　罢免会员代表，应经过选举单位全体会员过半数通过；由会员代表大会选举产生的代表，应经过会员代表大会应到会代表的过半数通过。

第三十条　会员代表出现缺额，原选举单位应及时补选。缺额超过会员代表总数四分之一时，应在三个月内进行补选。补选会员代表应依照选举会员代表的程序，进行差额选举，差额率应按照第十六条规定执行。补选的会员代表应报基层工会委员会进行资格审查。

第四章　会员代表大会的召开

第三十一条　每届会员代表大会第一次会议召开前，应将会员代表大会的组织机构、会员代表的构成、会员代表大会主要议程等重要事项，向同级党组织和上一级工会书面报告。上一级工会接到报告后应于15日内批复。

第三十二条　每届会员代表大会第一次会议召开前，基层工会委员会或工会筹备组应对会员代表进行专门培训，培训内容应包括工会基本知识、会员代表大会的性质和职能、会员代表的权利和义务、大会选举办法等。

第三十三条　会员代表全部选举产生后，应在一个月内召开本届会员代表大会第一次会议。

第三十四条　会员代表大会召开前，会员代表应充分听取会员意见建议，积极提出与会员切身利益和工会工作密切相关的提案，经基层工会委员会或工会筹备组审查后，决定是否列入大会议程。

第三十五条　召开会员代表大会，应提前5个工作日将会议日期、议程和提交会议讨论的事项通知会员代表。

第三十六条　每届会员代表大会第一次会议召开前，可举行预备会议，听取会议筹备情况的报告，审议通过关于会员代表资格审查情况的报告，讨论通过选举办法，通过大会议程和其他有关事项。

第三十七条　召开会员代表大会时，未当选会员代表的经费审查委员会委员、女职工委员会委员应列席会议，也可以邀请有关方面的负责人或代表列席会议。

可以邀请获得荣誉称号的人员、曾经作出突出贡献的人员作为特邀代表参加会议。

列席人员和特邀代表仅限本次会议，可以参加分组讨论，不承担具体工作，不享有选举权、表决权。

第三十八条 基层工会委员会、经费审查委员会及女职工委员会的选举工作，依照《工会基层组织选举工作条例》规定执行。

第三十九条 会员代表大会应每年对基层工会开展工作、建设职工之家和工会主席、副主席履行职责等情况进行民主评议，在民主评议的基础上，以无记名投票方式进行测评，测评分为满意、基本满意、不满意三个等次。测评结果应及时公开，并书面报告同级党组织和上一级工会。

基层工会主席、副主席测评办法应由会员代表大会表决通过，并报上一级工会备案。

第四十条 基层工会主席、副主席，具有下列情形之一的，可以罢免：

（一）连续两年测评等次为不满意的；

（二）任职期间个人有严重过失的；

（三）被依法追究刑事责任的；

（四）其他需要罢免的情形。

基层工会委员会委员具有上述（二）（三）（四）项情形的，可以罢免。

第四十一条 本届工会委员会、三分之一以上的会员或会员代表可以提议罢免主席、副主席和委员。

罢免主席、副主席和委员的，应经同级党组织和上一级工会进行考察，未建立党组织的，由上一级工会考察。经考察，如确认其不能再担任现任职务时，应依法召开会员代表大会进行无记名投票表决，应参会人员过半数通过的，罢免有效，并报上一级工会批准。

第四十二条 规模较大、人数众多、工作地点分散、工作时间不一致，会员代表难以集中的基层工会，可以通过电视电话会议、网络视频会议等方式召开会员代表大会。不涉及无记名投票的事项，可以通过网络进行表决，如进行无记名投票的，可在分会场设立票箱，在规定时间内统一投票、统一计票。

第四十三条 会员代表大会与职工代表大会应分别召开，不得互相代替。如在同一时间段召开的，应分别设置会标、分别设定会议议程、分别行使职权、分别作出决议、分别建立档案。

第四十四条 会员代表大会通过的决议、重要事项和选举结果等应当形成书面文件，并及时向会员公开。

第五章 附 则

第四十五条 除会员代表的特别规定外，召开会员大会依照本条例相关规定执行。

第四十六条 本条例由中华全国总工会负责解释。

第四十七条 本条例自发布之日起施行，以往有关规定与本条例不一致的，以本条例为准。1992 年 4 月 14 日中华全国总工会办公厅印发的《关于基层工会会员代表大会代表实行常任制的若干暂行规定》同时废止。

关于《基层工会会员代表大会条例》起草情况的说明

（2018 年 12 月 25 日）

为完善基层工会会员代表大会制度，推进基层工会民主化、规范化、法治化建设，激发基层工会活力，发挥基层工会作用，基层工作部起草了《基层工会会员代表大会条例》（以下简称《条例》）。现就

《条例》起草情况作如下说明。

一、起草《条例》的必要性和把握的原则

基层工会会员代表大会制度是工会内部建设的一项重要制度，是进行基层工会选举、发挥基层工会作用的基础和前提。目前，召开基层工会会员代表大会的主要依据是全总办公厅1992年印发的《关于基层工会会员代表大会代表实行常任制的若干暂行规定》。经过26年的发展，这一规定存在很多不适应、不完善的问题：有的规定不符合基层实际，有的与现行有关规定相冲突，有的地方还存在制度上的空白，致使基层工会召开会员代表大会各行其是、运作不规范，产生了许多不和谐的因素。因此，适应新时代工会工作要求，完善基层工会会员代表大会制度，明确会员代表大会的有关问题，使之与基层工会选举制度、会员评家制度相衔接相配套，已成为一项非常紧迫的任务。

在起草《条例》过程中，我们注意把握以下4个原则：

（一）坚持党的领导。贯彻落实习近平总书记和党中央关于工会工作的要求，紧紧围绕增强基层工会组织和工会工作的政治性、先进性、群众性这一主线，强调基层工会会员代表大会应坚持党的领导，会员代表大会的组织机构、会员代表的构成、会员代表大会主要议程等重要事项，应向同级党组织报告。

（二）坚持问题导向。针对当前基层工会召开会员代表大会存在的不规范问题，从制度设计上予以明确。如会员代表名额设置过多召集困难、上一级工会对基层工会缺乏指导和监督、会员代表大会召开程序不规范、以职工代表大会代替会员代表大会等问题，在《条例》中都有回应，为基层工会提供遵循。

（三）坚持务实创新。立足基层实际，对工作程序和工作要求尽量明确、细化、具体，增强《条例》的针对性和可操作性。立足新时代

赋予工会组织和工会工作的新任务新使命，把基层工会创造的行之有效的做法和经验上升为制度，适应“互联网+”时代特点，允许基层工会运用新媒体召开会员代表大会。

（四）坚持衔接配套。《工会法》《中国工会章程》《企业工会工作条例》等关于基层工会会员代表大会的相关规定，总的看比较原则、分散，操作性、衔接性不强。经全面梳理现有规定，吸收《关于基层工会会员代表大会代表实行常任制的若干暂行规定》的合理内容，形成系统完备、操作性强的基层工会会员代表大会条例，既与《工会法》《中国工会章程》相衔接，又与基层工会选举制度、会员评家制度相配套。

二、《条例》的起草过程

2016年《工会基层组织选举工作条例》印发后，基层工作部就着手本《条例》的调研工作。2017年9月，深入内蒙古包头、鄂尔多斯等地开展专题调研。2017年11月，在河北石家庄召开全国工会深化职工之家建设研讨会，对会员代表大会问题进行了专门研讨。2018年2月，组织各省（区、市）总工会开展会员代表大会制度实施情况专题调研，全面了解会员代表大会制度实施情况及存在的问题。在深入调研、广泛征求意见的基础上，2018年8月完成了《条例》初稿。中国工会十七大召开后，根据习近平总书记“10·29”重要讲话精神、工会十七大精神和《中国工会章程（修正案）》，对《条例》作了进一步修改。2018年11月，在河南郑州专门召开了部分省市总工会和企业工会等20多个单位参加的《条例》论证会。在逐条研究分析各地意见的基础上，又进行了逐字逐句的修改。经过反复讨论，历经20余次修改，并征求分管领导意见后，最终形成《条例（送审稿）》。

三、《条例》的主要内容

《条例》共五章四十七条。

第一章，总则。主要明确了制定《条例》的目的意义、适用范围、会员代表大会的性质、遵循的原则等基本问题。规定会员 100 人以上的基层工会应召开会员代表大会；明确了坚持党的领导，基层工会召开会员代表大会应向同级党组织和上一级工会报告，规定了上一级工会对下一级工会的指导监督职责。

第二章，会员代表大会的组成和职权。主要规定了会员代表的组成结构、会员代表名额、会员代表大会的工作机构、职权范围等。根据基层实际，在充分保证代表性的前提下，对会员代表名额作了压缩，由原来原则上最多不超过 500 人减少到最多不超过 240 人，代表名额由原来按会员总数的比例计算改为具体人数范围，更加清晰明确，便于基层工会操作；进一步完善会员代表大会职权，充实会员评家内容，使会员代表大会制度与会员评家制度相互衔接。

第三章，会员代表。主要规定了会员代表的产生方式、基本条件、选举罢免、工作职责、履职保障等。进一步规范会员代表选举民主程序，要求有三分之二以上会员或会员代表参加，无记名投票方式差额选举，差额率不低于 15%；对劳务派遣工会员民主权利的行使作了明确规定；明确会员代表身份终止和罢免的几种情形，对会员代表的罢免及补选要求和程序作了具体规定。

第四章，会员代表大会的召开。进一步规范会员代表大会的召开程序和履职方式。规定每届会员代表大会第一次会议召开前，应对会员代表进行专门培训，提高会员代表的履职能力；明确了会员代表大会进行民主评议的程序，明确了罢免工会主席、副主席、委员的规定条件和程序；允许运用“互联网 +”等信息化手段，创新会员代表大会召开形式；明确规定会员代表大会和职工代表大会不得相互替代。

第五章，附则。主要对会员大会的适用性作了补充说明，规定了条例的解释权、施行日期等。

中华全国总工会关于印发《工会基层组织选举工作条例》的通知

（总工发〔2016〕27号）

各省、自治区、直辖市总工会，各全国产业工会，中共中央直属机关联合会、中央国家机关工会联合会，全总各部门、各直属单位：

《工会基层组织选举工作条例》已经中华全国总工会第十六届书记处第五十五次会议审议通过，现印发给你们，请结合实际，认真贯彻执行。

中华全国总工会
2016年10月9日

工会基层组织选举工作条例

第一章　总　则

第一条　为规范工会基层组织选举工作，加强基层工会建设，发挥基层工会作用，根据《中华人民共和国工会法》《中国工会章程》等有关规定，制定本条例。

第二条　本条例适用于企业、事业单位、机关和其他社会组织单独或联合建立的基层工会委员会。

第三条　基层工会委员会由会员大会或会员代表大会选举产生。工会委员会的主席、副主席，可以由会员大会或会员代表大会直接选举产生，也可以由工会委员会选举产生。

第四条　工会会员享有选举权、被选举权和表决权。保留会籍的人员除外。

第五条　选举工作应坚持党的领导，坚持民主集中制，遵循依法规范、公开公正的原则，尊重和保障会员的民主权利，体现选举人的意志。

第六条　选举工作在同级党组织和上一级工会领导下进行。未建立党组织的在上一级工会领导下进行。

第七条　基层工会委员会换届选举的筹备工作由上届工会委员会负责。

新建立的基层工会组织选举筹备工作由工会筹备组负责。筹备组成员由同级党组织代表和职工代表组成，根据工作需要，上级工会可以派人参加。

第二章　委员和常务委员名额

第八条　基层工会委员会委员名额，按会员人数确定：

不足25人，设委员3至5人，也可以设主席或组织员1人；

25人至200人，设委员3至7人；

201人至1000人，设委员7至15人；

1001人至5000人，设委员15至21人；

5001人至10000人，设委员21至29人；

10001人至50000人，设委员29至37人；

50001人以上，设委员37至45人。

第九条　大型企事业单位基层工会委员会，经上一级工会批准，可以设常务委员会，常务委员会由9至11人组成。

第三章　候选人的提出

第十条　基层工会委员会的委员、常务委员会委员和主席、副主席的选举均应设候选人。候选人应信念坚定、为民服务、勤政务实、敢于担当、清正廉洁，热爱工会工作，受到职工信赖。

基层工会委员会委员候选人中应有适当比例的劳模（先进工作者）、一线职工和女职工代表。

第十一条　单位行政主要负责人、法定代表人、合伙人以及他们的近亲属不得作为本单位工会委员会委员、常务委员会委员和主席、副主席候选人。

第十二条　基层工会委员会的委员候选人，应经会员充分酝酿讨论，一般以工会分会或工会小组为单位推荐。由上届工会委员会或工会筹备组根据多数工会分会或工会小组的意见，提出候选人建议名单，报经同级党组织和上一级工会审查同意后，提交会员大会或会员代表大会表决通过。

第十三条　基层工会委员会的常务委员会委员、主席、副主席候选人，可以由上届工会委员会或工会筹备组根据多数工会分会或工会小组的意见提出建议名单，报经同级党组织和上一级工会审查同意后提出；也可以由同级党组织与上一级工会协商提出建议名单，经工会分会或工会小组酝酿讨论后，由上届工会委员会或工会筹备组根据多数工会分会或工会小组的意见，报经同级党组织和上一级工会审查同意后提出。

根据工作需要，经上一级工会与基层工会和同级党组织协商同意，上一级工会可以向基层工会推荐本单位以外人员作为工会主席、副主席候选人。

第十四条 基层工会委员会的主席、副主席，在任职一年内应按规定参加岗位任职资格培训。凡无正当理由未按规定参加岗位任职资格培训的，一般不再提名为下届主席、副主席候选人。

第四章 选举的实施

第十五条 基层工会组织实施选举前应向同级党组织和上一级工会报告，制定选举工作方案和选举办法。

基层工会委员会委员候选人建议名单应进行公示，公示期不少于5个工作日。

第十六条 会员不足100人的基层工会组织，应召开会员大会进行选举；会员100人以上的基层工会组织，应召开会员大会或会员代表大会进行选举。

召开会员代表大会进行选举的，按照有关规定由会员民主选举产生会员代表。

第十七条 参加选举的人数为应到会人数的三分之二以上时，方可进行选举。

基层工会委员会委员和常务委员会委员应差额选举产生，可以直接采用候选人数多于应选人数的差额选举办法进行正式选举，也可以先采用差额选举办法进行预选产生候选人名单，然后进行正式选举。委员会委员和常务委员会委员的差额率分别不低于5%和10%。常务委员会委员应从新当选的工会委员会委员中产生。

第十八条 基层工会主席、副主席可以等额选举产生，也可以差额选举产生。主席、副主席应从新当选的工会委员会委员中产生，设立常务委员会的应从新当选的常务委员会委员中产生。

第十九条 基层工会主席、副主席由会员大会或会员代表大会直接选举产生的，一般在经营管理正常、劳动关系和谐、职工队伍稳定的中小企事业单位进行。

第二十条 召开会员大会进行选举时，由上届工会委员会或工会筹备组主持；不设委员会的基层工会组织进行选举时，由上届工会主席或组织员主持。

召开会员代表大会进行选举时，可以由大会主席团主持，也可以由上届工会委员会或工会筹备组主持。大会主席团成员由上届工会委员会或工会筹备组根据各代表团（组）的意见，提出建议名单，提交代表大会预备会议表决通过。

召开基层工会委员会第一次全体会议选举常务委员会委员、主席、副主席时，由上届工会委员会或工会筹备组或大会主席团推荐一名新当选的工会委员会委员主持。

第二十一条 选举前，上届工会委员会或工会筹备组或大会主席团应将候选人的名单、简历及有关情况向选举人介绍。

第二十二条 选举设监票人，负责对选举全过程进行监督。

召开会员大会或会员代表大会选举时，监票人由全体会员或会员代表、各代表团（组）从不是候选人的会员或会员代表中推选，经会员大会或会员代表大会表决通过。

召开工会委员会第一次全体会议选举时，监票人从不是常务委员会委员、主席、副主席候选人的委员中推选，经全体委员会议表决通过。

第二十三条 选举采用无记名投票方式。不能出席会议的选举人，不得委托他人代为投票。

选票上候选人的名单按姓氏笔画为序排列。

第二十四条 选举人可以投赞成票或不赞成票，也可以投弃权票。投不赞成票者可以另选他人。

第二十五条 会员或会员代表在选举期间，如不能离开生产、工作岗位，在监票人的监督下，可以在选举单位设立的流动票箱投票。

第二十六条 投票结束后，在监票人的监督下，当场清点选票，进行计票。

选举收回的选票，等于或少于发出选票的，选举有效；多于发出选票的，选举无效，应重新选举。

每张选票所选人数等于或少于规定应选人数的为有效票，多于规定应选人数的为无效票。

第二十七条 被选举人获得应到会人数的过半数赞成票时，始得当选。

获得过半数赞成票的被选举人人数超过应选名额时，得赞成票多的当选。如遇赞成票数相等不能确定当选人时，应就票数相等的被选举人再次投票，得赞成票多的当选。

当选人数少于应选名额时，对不足的名额可以另行选举。如果接近应选名额且符合第八条规定，也可以由大会征得多数会员或会员代表的同意减少名额，不再进行选举。

第二十八条 大会主持人应当场宣布选举结果及选举是否有效。

第二十九条 基层工会委员会、常务委员会和主席、副主席的选举结果，报上一级工会批准。上一级工会自接到报告15日内应予批复。违反规定程序选举的，上一级工会不得批准，应重新选举。

基层工会委员会的任期自选举之日起计算。

第五章 任期、调动、罢免和补选

第三十条 基层工会委员会每届任期三年或五年，具体任期由会员大会或会员代表大会决定。经选举产生的工会委员会委员、常务委员会委员和主席、副主席可连选连任。基层工会委员会任期届满，应按期换届选举。遇有特殊情况，经上一级工会批准，可以提前或延期换届，延期时间一般不超过半年。

上一级工会负责督促指导基层工会组织按期换届。

第三十一条　基层工会主席、副主席任期未满时，不得随意调动其工作。因工作需要调动时，应征得本级工会委员会和上一级工会的同意。

第三十二条　经会员大会或会员代表大会民主测评和上级工会与同级党组织考察，需撤换或罢免工会委员会委员、常务委员会委员和主席、副主席时，须依法召开会员大会或会员代表大会讨论，非经会员大会全体会员或会员代表大会全体代表无记名投票过半数通过，不得撤换或罢免。

第三十三条　基层工会主席因工作调动或其他原因空缺时，应及时按照相应民主程序进行补选。

补选主席，如候选人是委员的，可以由工会委员会选举产生，也可以由会员大会或会员代表大会选举产生；如候选人不是委员的，可以经会员大会或会员代表大会补选为委员后，由工会委员会选举产生，也可以由会员大会或会员代表大会选举产生。

补选主席的任期为本届工会委员会尚未履行的期限。

补选主席前征得同级党组织和上一级工会的同意，可暂由一名副主席或委员主持工作，期限一般不超过半年。

第六章　经费审查委员会

第三十四条　凡建立一级工会财务管理的基层工会组织，应在选举基层工会委员会的同时，选举产生经费审查委员会。

第三十五条　基层工会经费审查委员会委员名额一般 3 至 11 人。经费审查委员会设主任 1 人，可根据工作需要设副主任 1 人。

基层工会的主席、分管财务和资产的副主席、财务和资产管理部门的人员，不得担任同级工会经费审查委员会委员。

第三十六条　基层工会经费审查委员会由会员大会或会员代表大会选举产生。主任、副主任可以由经费审查委员会全体会议选举产生，也可以由会员大会或会员代表大会选举产生。

第三十七条　基层工会经费审查委员会的选举结果，与基层工会委员会选举结果同时报上一级工会批准。

基层工会经费审查委员会的任期与基层工会委员会相同。

第七章　女职工委员会

第三十八条　基层工会组织有女会员10人以上的建立女职工委员会，不足10人的设女职工委员。女职工委员会与基层工会委员会同时建立。

第三十九条　基层工会女职工委员会委员由同级工会委员会提名，在充分协商的基础上产生，也可召开女职工大会或女职工代表大会选举产生。

第四十条　基层工会女职工委员会主任由同级工会女主席或女副主席担任，也可经民主协商，按照相应条件配备女职工委员会主任。女职工委员会主任应提名为同级工会委员会或常务委员会委员候选人。基层工会女职工委员会主任、副主任名单，与工会委员会选举结果同时报上一级工会批准。

第八章　附　则

第四十一条　乡镇（街道）、开发区（工业园区）、村（社区）建立的工会委员会，县级以下建立的区域（行业）工会联合会如进行选举的，参照本条例执行。

第四十二条　本条例由中华全国总工会负责解释。

第四十三条 本条例自发布之日起施行，以往有关规定与本条例不一致的，以本条例为准。1992 年 5 月 18 日全国总工会办公厅印发的《工会基层组织选举工作暂行条例》同时废止。

中华人民共和国工会法

（1992 年 4 月 3 日第七届全国人民代表大会第五次会议通过　根据 2001 年 10 月 27 日第九届全国人民代表大会常务委员会第二十四次会议《关于修改〈中华人民共和国工会法〉的决定》第一次修正　根据 2009 年 8 月 27 日第十一届全国人民代表大会常务委员会第十次会议《关于修改部分法律的决定》第二次修正）

第一章　总　则

第一条 为保障工会在国家政治、经济和社会生活中的地位，确定工会的权利与义务，发挥工会在社会主义现代化建设事业中的作用，根据宪法，制定本法。

第二条 工会是职工自愿结合的工人阶级的群众组织。

中华全国总工会及其各工会组织代表职工的利益，依法维护职工的合法权益。

第三条 在中国境内的企业、事业单位、机关中以工资收入为主要生活来源的体力劳动者和脑力劳动者，不分民族、种族、性别、职业、宗教信仰、教育程度，都有依法参加和组织工会的权利。任何组织和个人不得阻挠和限制。

第四条 工会必须遵守和维护宪法，以宪法为根本的活动准则，以经济建设为中心，坚持社会主义道路、坚持人民民主专政、坚持中国共产党的领导、坚持马克思列宁主义毛泽东思想邓小平理论，坚持改革开放，依照工会章程独立自主地开展工作。

工会会员全国代表大会制定或者修改《中国工会章程》，章程不得与宪法和法律相抵触。

国家保护工会的合法权益不受侵犯。

第五条　工会组织和教育职工依照宪法和法律的规定行使民主权利，发挥国家主人翁的作用，通过各种途径和形式，参与管理国家事务、管理经济和文化事业、管理社会事务；协助人民政府开展工作，维护工人阶级领导的、以工农联盟为基础的人民民主专政的社会主义国家政权。

第六条　维护职工合法权益是工会的基本职责。工会在维护全国人民总体利益的同时，代表和维护职工的合法权益。

工会通过平等协商和集体合同制度，协调劳动关系，维护企业职工劳动权益。

工会依照法律规定通过职工代表大会或者其他形式，组织职工参与本单位的民主决策、民主管理和民主监督。

工会必须密切联系职工，听取和反映职工的意见和要求，关心职工的生活，帮助职工解决困难，全心全意为职工服务。

第七条　工会动员和组织职工积极参加经济建设，努力完成生产任务和工作任务。教育职工不断提高思想道德、技术业务和科学文化素质，建设有理想、有道德、有文化、有纪律的职工队伍。

第八条　中华全国总工会根据独立、平等、互相尊重、互不干涉内部事务的原则，加强同各国工会组织的友好合作关系。

第二章　工会组织

第九条　工会各级组织按照民主集中制原则建立。

各级工会委员会由会员大会或者会员代表大会民主选举产生。企业主要负责人的近亲属不得作为本企业基层工会委员会成员的人选。

各级工会委员会向同级会员大会或者会员代表大会负责并报告工作，接受其监督。

工会会员大会或者会员代表大会有权撤换或者罢免其所选举的代表或者工会委员会组成人员。

上级工会组织领导下级工会组织。

第十条 企业、事业单位、机关有会员二十五人以上的，应当建立基层工会委员会；不足二十五人的，可以单独建立基层工会委员会，也可以由两个以上单位的会员联合建立基层工会委员会，也可以选举组织员一人，组织会员开展活动。女职工人数较多的，可以建立工会女职工委员会，在同级工会领导下开展工作；女职工人数较少的，可以在工会委员会中设女职工委员。

企业职工较多的乡镇、城市街道，可以建立基层工会的联合会。

县级以上地方建立地方各级总工会。

同一行业或者性质相近的几个行业，可以根据需要建立全国的或者地方的产业工会。

全国建立统一的中华全国总工会。

第十一条 基层工会、地方各级总工会、全国或者地方产业工会组织的建立，必须报上一级工会批准。

上级工会可以派员帮助和指导企业职工组建工会，任何单位和个人不得阻挠。

第十二条 任何组织和个人不得随意撤销、合并工会组织。

基层工会所在的企业终止或者所在的事业单位、机关被撤销，该工会组织相应撤销，并报告上一级工会。

依前款规定被撤销的工会，其会员的会籍可以继续保留，具体管理办法由中华全国总工会制定。

第十三条　职工二百人以上的企业、事业单位的工会，可以设专职工会主席。工会专职工作人员的人数由工会与企业、事业单位协商确定。

第十四条　中华全国总工会、地方总工会、产业工会具有社会团体法人资格。

基层工会组织具备民法通则规定的法人条件的，依法取得社会团体法人资格。

第十五条　基层工会委员会每届任期三年或者五年。各级地方总工会委员会和产业工会委员会每届任期五年。

第十六条　基层工会委员会定期召开会员大会或者会员代表大会，讨论决定工会工作的重大问题。经基层工会委员会或者三分之一以上的工会会员提议，可以临时召开会员大会或者会员代表大会。

第十七条　工会主席、副主席任期未满时，不得随意调动其工作。因工作需要调动时，应当征得本级工会委员会和上一级工会的同意。

罢免工会主席、副主席必须召开会员大会或者会员代表大会讨论，非经会员大会全体会员或者会员代表大会全体代表过半数通过，不得罢免。

第十八条　基层工会专职主席、副主席或者委员自任职之日起，其劳动合同期限自动延长，延长期限相当于其任职期间；非专职主席、副主席或者委员自任职之日起，其尚未履行的劳动合同期限短于任期的，劳动合同期限自动延长至任期期满。但是，任职期间个人严重过失或者达到法定退休年龄的除外。

第三章　工会的权利和义务

第十九条　企业、事业单位违反职工代表大会制度和其他民主管理制度，工会有权要求纠正，保障职工依法行使民主管理的权利。

法律、法规规定应当提交职工大会或者职工代表大会审议、通过、决定的事项，企业、事业单位应当依法办理。

第二十条 工会帮助、指导职工与企业以及实行企业化管理的事业单位签订劳动合同。

工会代表职工与企业以及实行企业化管理的事业单位进行平等协商，签订集体合同。集体合同草案应当提交职工代表大会或者全体职工讨论通过。

工会签订集体合同，上级工会应当给予支持和帮助。

企业违反集体合同，侵犯职工劳动权益的，工会可以依法要求企业承担责任；因履行集体合同发生争议，经协商解决不成的，工会可以向劳动争议仲裁机构提请仲裁，仲裁机构不予受理或者对仲裁裁决不服的，可以向人民法院提起诉讼。

第二十一条 企业、事业单位处分职工，工会认为不适当的，有权提出意见。

企业单方面解除职工劳动合同时，应当事先将理由通知工会，工会认为企业违反法律、法规和有关合同，要求重新研究处理时，企业应当研究工会的意见，并将处理结果书面通知工会。

职工认为企业侵犯其劳动权益而申请劳动争议仲裁或者向人民法院提起诉讼的，工会应当给予支持和帮助。

第二十二条 企业、事业单位违反劳动法律、法规规定，有下列侵犯职工劳动权益情形，工会应当代表职工与企业、事业单位交涉，要求企业、事业单位采取措施予以改正；企业、事业单位应当予以研究处理，并向工会作出答复；企业、事业单位拒不改正的，工会可以请求当地人民政府依法作出处理：

（一）克扣职工工资的；

（二）不提供劳动安全卫生条件的；

（三）随意延长劳动时间的；

（四）侵犯女职工和未成年工特殊权益的；

（五）其他严重侵犯职工劳动权益的。

第二十三条 工会依照国家规定对新建、扩建企业和技术改造工程中的劳动条件和安全卫生设施与主体工程同时设计、同时施工、同时投产使用进行监督。对工会提出的意见，企业或者主管部门应当认真处理，并将处理结果书面通知工会。

第二十四条 工会发现企业违章指挥、强令工人冒险作业，或者生产过程中发现明显重大事故隐患和职业危害，有权提出解决的建议，企业应当及时研究答复；发现危及职工生命安全的情况时，工会有权向企业建议组织职工撤离危险现场，企业必须及时作出处理决定。

第二十五条 工会有权对企业、事业单位侵犯职工合法权益的问题进行调查，有关单位应当予以协助。

第二十六条 职工因工伤亡事故和其他严重危害职工健康问题的调查处理，必须有工会参加。工会应当向有关部门提出处理意见，并有权要求追究直接负责的主管人员和有关责任人员的责任。对工会提出的意见，应当及时研究，给予答复。

第二十七条 企业、事业单位发生停工、怠工事件，工会应当代表职工同企业、事业单位或者有关方面协商，反映职工的意见和要求并提出解决意见。对于职工的合理要求，企业、事业单位应当予以解决。工会协助企业、事业单位做好工作，尽快恢复生产、工作秩序。

第二十八条 工会参加企业的劳动争议调解工作。

地方劳动争议仲裁组织应当有同级工会代表参加。

第二十九条 县级以上各级总工会可以为所属工会和职工提供法律服务。

第三十条 工会协助企业、事业单位、机关办好职工集体福利事业，做好工资、劳动安全卫生和社会保险工作。

第三十一条 工会会同企业、事业单位教育职工以国家主人翁态度对待劳动，爱护国家和企业的财产，组织职工开展群众性的合理化建议、技术革新活动，进行业余文化技术学习和职工培训，组织职工开展文娱、体育活动。

第三十二条 根据政府委托，工会与有关部门共同做好劳动模范和先进生产（工作）者的评选、表彰、培养和管理工作。

第三十三条 国家机关在组织起草或者修改直接涉及职工切身利益的法律、法规、规章时，应当听取工会意见。

县级以上各级人民政府制定国民经济和社会发展计划，对涉及职工利益的重大问题，应当听取同级工会的意见。

县级以上各级人民政府及其有关部门研究制定劳动就业、工资、劳动安全卫生、社会保险等涉及职工切身利益的政策、措施时，应当吸收同级工会参加研究，听取工会意见。

第三十四条 县级以上地方各级人民政府可以召开会议或者采取适当方式，向同级工会通报政府的重要的工作部署和与工会工作有关的行政措施，研究解决工会反映的职工群众的意见和要求。

各级人民政府劳动行政部门应当会同同级工会和企业方面代表，建立劳动关系三方协商机制，共同研究解决劳动关系方面的重大问题。

第四章 基层工会组织

第三十五条 国有企业职工代表大会是企业实行民主管理的基本形式，是职工行使民主管理权力的机构，依照法律规定行使职权。

国有企业的工会委员会是职工代表大会的工作机构，负责职工代表大会的日常工作，检查、督促职工代表大会决议的执行。

第三十六条 集体企业的工会委员会，应当支持和组织职工参加民主管理和民主监督，维护职工选举和罢免管理人员、决定经营管理的重大问题的权力。

第三十七条 本法第三十五条、第三十六条规定以外的其他企业、事业单位的工会委员会，依照法律规定组织职工采取与企业、事业单位相适应的形式，参与企业、事业单位民主管理。

第三十八条 企业、事业单位研究经营管理和发展的重大问题应当听取工会的意见；召开讨论有关工资、福利、劳动安全卫生、社会保险等涉及职工切身利益的会议，必须有工会代表参加。

企业、事业单位应当支持工会依法开展工作，工会应当支持企业、事业单位依法行使经营管理权。

第三十九条 公司的董事会、监事会中职工代表的产生，依照公司法有关规定执行。

第四十条 基层工会委员会召开会议或者组织职工活动，应当在生产或者工作时间以外进行，需要占用生产或者工作时间的，应当事先征得企业、事业单位的同意。

基层工会的非专职委员占用生产或者工作时间参加会议或者从事工会工作，每月不超过三个工作日，其工资照发，其他待遇不受影响。

第四十一条 企业、事业单位、机关工会委员会的专职工作人员的工资、奖励、补贴，由所在单位支付。社会保险和其他福利待遇等，享受本单位职工同等待遇。

第五章 工会的经费和财产

第四十二条 工会经费的来源：

（一）工会会员缴纳的会费；

（二）建立工会组织的企业、事业单位、机关按每月全部职工工资总额的百分之二向工会拨缴的经费；

（三）工会所属的企业、事业单位上缴的收入；

（四）人民政府的补助；

（五）其他收入。

前款第二项规定的企业、事业单位拨缴的经费在税前列支。

工会经费主要用于为职工服务和工会活动。经费使用的具体办法由中华全国总工会制定。

第四十三条　企业、事业单位无正当理由拖延或者拒不拨缴工会经费，基层工会或者上级工会可以向当地人民法院申请支付令；拒不执行支付令的，工会可以依法申请人民法院强制执行。

第四十四条　工会应当根据经费独立原则，建立预算、决算和经费审查监督制度。

各级工会建立经费审查委员会。

各级工会经费收支情况应当由同级工会经费审查委员会审查，并且定期向会员大会或者会员代表大会报告，接受监督。工会会员大会或者会员代表大会有权对经费使用情况提出意见。

工会经费的使用应当依法接受国家的监督。

第四十五条　各级人民政府和企业、事业单位、机关应当为工会办公和开展活动，提供必要的设施和活动场所等物质条件。

第四十六条　工会的财产、经费和国家拨给工会使用的不动产，任何组织和个人不得侵占、挪用和任意调拨。

第四十七条　工会所属的为职工服务的企业、事业单位，其隶属关系不得随意改变。

第四十八条　县级以上各级工会的离休、退休人员的待遇，与国家机关工作人员同等对待。

第六章　法律责任

第四十九条　工会对违反本法规定侵犯其合法权益的，有权提请人民政府或者有关部门予以处理，或者向人民法院提起诉讼。

第五十条　违反本法第三条、第十一条规定，阻挠职工依法参加和组织工会或者阻挠上级工会帮助、指导职工筹建工会的，由劳动行政部门责令其改正；拒不改正的，由劳动行政部门提请县级以上人民政府处理；以暴力、威胁等手段阻挠造成严重后果，构成犯罪的，依法追究刑事责任。

第五十一条　违反本法规定，对依法履行职责的工会工作人员无正当理由调动工作岗位，进行打击报复的，由劳动行政部门责令改正、恢复原工作；造成损失的，给予赔偿。

对依法履行职责的工会工作人员进行侮辱、诽谤或者进行人身伤害，构成犯罪的，依法追究刑事责任；尚未构成犯罪的，由公安机关依照治安管理处罚法的规定处罚。

第五十二条　违反本法规定，有下列情形之一的，由劳动行政部门责令恢复其工作，并补发被解除劳动合同期间应得的报酬，或者责令给予本人年收入二倍的赔偿：

（一）职工因参加工会活动而被解除劳动合同的；

（二）工会工作人员因履行本法规定的职责而被解除劳动合同的。

第五十三条　违反本法规定，有下列情形之一的，由县级以上人民政府责令改正，依法处理：

（一）妨碍工会组织职工通过职工代表大会和其他形式依法行使民主权利的；

（二）非法撤销、合并工会组织的；

（三）妨碍工会参加职工因工伤亡事故以及其他侵犯职工合法权益

问题的调查处理的；

（四）无正当理由拒绝进行平等协商的。

第五十四条 违反本法第四十六条规定，侵占工会经费和财产拒不返还的，工会可以向人民法院提起诉讼，要求返还，并赔偿损失。

第五十五条 工会工作人员违反本法规定，损害职工或者工会权益的，由同级工会或者上级工会责令改正，或者予以处分；情节严重的，依照《中国工会章程》予以罢免；造成损失的，应当承担赔偿责任；构成犯罪的，依法追究刑事责任。

第七章 附 则

第五十六条 中华全国总工会会同有关国家机关制定机关工会实施本法的具体办法。

第五十七条 本法自公布之日起施行。1950 年 6 月 29 日中央人民政府颁布的《中华人民共和国工会法》同时废止。

中国工会章程

（2018 年 10 月 26 日 中国工会第十七次全国代表大会通过）

总 则

中国工会是中国共产党领导的职工自愿结合的工人阶级群众组织，是党联系职工群众的桥梁和纽带，是国家政权的重要社会支柱，是会员和职工利益的代表。

中国工会以宪法为根本活动准则，按照《中华人民共和国工会法》

和本章程独立自主地开展工作，依法行使权利和履行义务。

工人阶级是我国的领导阶级，是先进生产力和生产关系的代表，是中国共产党最坚实最可靠的阶级基础，是改革开放和社会主义现代化建设的主力军，是维护社会安定的强大而集中的社会力量。中国工会高举中国特色社会主义伟大旗帜，以马克思列宁主义、毛泽东思想、邓小平理论、“三个代表”重要思想、科学发展观、习近平新时代中国特色社会主义思想为指导，贯彻执行党的以经济建设为中心，坚持四项基本原则，坚持改革开放的基本路线，保持和增强政治性、先进性、群众性，坚定不移地走中国特色社会主义工会发展道路，推动党的全心全意依靠工人阶级的根本指导方针的贯彻落实，全面履行工会的社会职能，在维护全国人民总体利益的同时，更好地表达和维护职工的具体利益，团结和动员全国职工自力更生、艰苦创业，坚持和发展中国特色社会主义，为全面建成小康社会、把我国建设成为富强民主文明和谐美丽的社会主义现代化强国、实现中华民族伟大复兴的中国梦而奋斗。

中国工会坚持自觉接受中国共产党的领导，承担团结引导职工群众听党话、跟党走的政治责任，巩固和扩大党执政的阶级基础和群众基础。

中国工会的基本职责是维护职工合法权益、竭诚服务职工群众。

中国工会按照中国特色社会主义事业“五位一体”总体布局和“四个全面”战略布局，贯彻创新、协调、绿色、开放、共享的发展理念，把握为实现中华民族伟大复兴的中国梦而奋斗的工人运动时代主题，弘扬劳模精神、劳动精神、工匠精神，动员和组织职工积极参加建设和改革，努力促进经济、政治、文化、社会和生态文明建设；代表和组织职工参与国家和社会事务管理，参与企业、事业单位和机关的民主管理；教育职工践行社会主义核心价值观，不断提高思想道德素质、科学文化素质和技术技能素质，推进产业工人队伍建设改革，建设有理想、有道德、有文化、有纪律的职工队伍，不断发展工人阶级先进性。

中国工会以忠诚党的事业、竭诚服务职工为己任，坚持组织起来、切实维权的工作方针，坚持以职工为本、主动依法科学维权的维权观，促进完善社会主义劳动法律，维护职工的经济、政治、文化和社会权利，参与协调劳动关系和社会利益关系，推动构建和谐劳动关系，促进经济高质量发展和社会的长期稳定，维护工人阶级和工会组织的团结统一，为构建社会主义和谐社会作贡献。

中国工会维护工人阶级领导的、以工农联盟为基础的人民民主专政的社会主义国家政权，协助人民政府开展工作，依法发挥民主参与和社会监督作用。

中国工会在企业、事业单位中，按照促进企事业发展、维护职工权益的原则，支持行政依法行使管理权力，组织职工参加民主管理和民主监督，与行政方面建立协商制度，保障职工的合法权益，调动职工的积极性，促进企业、事业的发展。

中国工会实行产业和地方相结合的组织领导原则，坚持民主集中制。

中国工会坚持以改革创新精神加强自身建设，构建联系广泛、服务职工的工作体系，增强团结教育、维护权益、服务职工的功能，坚持群众化、民主化，保持同会员群众的密切联系，依靠会员群众开展工会工作。各级工会领导机关坚持把工作重点放到基层，着力扩大覆盖面、增强代表性，着力强化服务意识、提高维权能力，着力加强队伍建设、提升保障水平，坚持服务职工群众的工作生命线，全心全意为基层、为职工服务，构建智慧工会，增强基层工会的吸引力凝聚力战斗力，把工会组织建设得更加充满活力、更加坚强有力，成为深受职工群众信赖的学习型、服务型、创新型“职工之家”。

工会兴办的企业、事业，坚持公益性、服务性，坚持为改革开放和发展社会生产力服务，为职工群众服务，为推进工运事业服务。

中国工会努力巩固和发展工农联盟，坚持最广泛的爱国统一战线，加强包括香港特别行政区同胞、澳门特别行政区同胞、台湾同胞和海外侨胞在内的全国各族人民的大团结，促进祖国的统一、繁荣和富强。

中国工会在国际事务中坚持独立自主、互相尊重、求同存异、加强合作、增进友谊的方针，在独立、平等、互相尊重、互不干涉内部事务的原则基础上，广泛建立和发展同国际和各国工会组织的友好关系，积极参与“一带一路”建设，增进我国工人阶级同各国工人阶级的友谊，同全世界工人和工会一起，在推动构建人类命运共同体中发挥作用，为世界的和平、发展、合作、工人权益和社会进步而共同努力。

中国工会落实新时代党的建设总要求，以党的政治建设为统领，全面加强党的建设，增强政治意识、大局意识、核心意识、看齐意识，坚定道路自信、理论自信、制度自信、文化自信，坚决维护习近平总书记党中央的核心、全党的核心地位，坚决维护党中央权威和集中统一领导，在思想上政治上行动上同以习近平同志为核心的党中央保持高度一致。

第一章　会　员

第一条　凡在中国境内的企业、事业单位、机关和其他社会组织中，以工资收入为主要生活来源或者与用人单位建立劳动关系的体力劳动者和脑力劳动者，不分民族、种族、性别、职业、宗教信仰、教育程度，承认工会章程，都可以加入工会为会员。

第二条　职工加入工会，由本人自愿申请，经工会基层委员会批准并发给会员证。

第三条　会员享有以下权利：

（一）选举权、被选举权和表决权。

（二）对工会工作进行监督，提出意见和建议，要求撤换或者罢免不称职的工会工作人员。

（三）对国家和社会生活问题及本单位工作提出批评与建议，要求工会组织向有关方面如实反映。

（四）在合法权益受到侵犯时，要求工会给予保护。

（五）工会提供的文化、教育、体育、旅游、疗休养、互助保障、生活救助、法律服务、就业服务等优惠待遇；工会给予的各种奖励。

（六）在工会会议和工会媒体上，参加关于工会工作和职工关心问题的讨论。

第四条 会员履行下列义务：

（一）认真学习贯彻习近平新时代中国特色社会主义思想，学习政治、经济、文化、法律、科学、技术和工会基本知识等。

（二）积极参加民主管理，努力完成生产和工作任务，立足本职岗位建功立业。

（三）遵守宪法和法律，践行社会主义核心价值观，弘扬中华民族传统美德，恪守社会公德、职业道德、家庭美德、个人品德，遵守劳动纪律。

（四）正确处理国家、集体、个人三者利益关系，向危害国家、社会利益的行为作斗争。

（五）维护中国工人阶级和工会组织的团结统一，发扬阶级友爱，搞好互助互济。

（六）遵守工会章程，执行工会决议，参加工会活动，按月交纳会费。

第五条 会员组织关系随劳动（工作）关系变动，凭会员证明接转。

第六条 会员有退会自由。会员退会由本人向工会小组提出，由工会基层委员会宣布其退会并收回会员证。

会员没有正当理由连续六个月不交纳会费、不参加工会组织生活，经教育拒不改正，应当视为自动退会。

第七条　对不执行工会决议、违反工会章程的会员，给予批评教育。对严重违法犯罪并受到刑事处分的会员，开除会籍。开除会员会籍，须经工会小组讨论，提出意见，由工会基层委员会决定，报上一级工会备案。

第八条　会员离休、退休和失业，可保留会籍。保留会籍期间免交会费。

工会组织要关心离休、退休和失业会员的生活，积极向有关方面反映他们的愿望和要求。

第二章　组织制度

第九条　中国工会实行民主集中制，主要内容是：

（一）个人服从组织，少数服从多数，下级组织服从上级组织。

（二）工会的各级领导机关，除它们派出的代表机关外，都由民主选举产生。

（三）工会的最高领导机关，是工会的全国代表大会和它所产生的中华全国总工会执行委员会。工会的地方各级领导机关，是工会的地方各级代表大会和它所产生的总工会委员会。

（四）工会各级委员会，向同级会员大会或者会员代表大会负责并报告工作，接受会员监督。会员大会和会员代表大会有权撤换或者罢免其所选举的代表和工会委员会组成人员。

（五）工会各级委员会，实行集体领导和分工负责相结合的制度。凡属重大问题由委员会民主讨论，作出决定，委员会成员根据集体的决定和分工，履行自己的职责。

（六）工会各级领导机关，加强对下级组织的领导和服务，经常向下级组织通报情况，听取下级组织和会员的意见，研究和解决他们提出的问题。下级组织应及时向上级组织请示报告工作。

第十条 工会各级代表大会的代表和委员会的产生，要充分体现选举人的意志。候选人名单，要反复酝酿，充分讨论。选举采用无记名投票方式，可以直接采用候选人数多于应选人数的差额选举办法进行正式选举，也可以先采用差额选举办法进行预选，产生候选人名单，然后进行正式选举。任何组织和个人，不得以任何方式强迫选举人选举或不选举某个人。

第十一条 中国工会实行产业和地方相结合的组织领导原则。同一企业、事业单位、机关和其他社会组织中的会员，组织在一个工会基层组织中；同一行业或者性质相近的几个行业，根据需要建立全国的或者地方的产业工会组织。除少数行政管理体制实行垂直管理的产业，其产业工会实行产业工会和地方工会双重领导，以产业工会领导为主外，其他产业工会均实行以地方工会领导为主，同时接受上级产业工会领导的体制。各产业工会的领导体制，由中华全国总工会确定。

省、自治区、直辖市，设区的市和自治州，县（旗）、自治县、不设区的市建立地方总工会。地方总工会是当地地方工会组织和产业工会地方组织的领导机关。全国建立统一的中华全国总工会。中华全国总工会是各级地方总工会和各产业工会全国组织的领导机关。

中华全国总工会执行委员会委员和产业工会全国委员会委员实行替补制，各级地方总工会委员会委员和地方产业工会委员会委员，也可以实行替补制。

第十二条 县和县以上各级地方总工会委员会，根据工作需要可以派出代表机关。

县和县以上各级工会委员会，在两次代表大会之间，认为有必要时，可以召集代表会议，讨论和决定需要及时解决的重大问题。代表会议代表的名额和产生办法，由召集代表会议的总工会决定。

全国产业工会、各级地方产业工会、乡镇工会和城市街道工会的委员会，可以按照联合制、代表制原则，由下一级工会组织民主选举的主要负责人和适当比例的有关方面代表组成。

上级工会可以派员帮助和指导用人单位的职工组建工会。

第十三条 各级工会代表大会选举产生同级经费审查委员会。中华全国总工会经费审查委员会设常务委员会，省、自治区、直辖市总工会经费审查委员会和独立管理经费的全国产业工会经费审查委员会，应当设常务委员会。经费审查委员会负责审查同级工会组织及其直属企业、事业单位的经费收支和资产管理情况，监督财经法纪的贯彻执行和工会经费的使用，并接受上级工会经费审查委员会的指导和监督。工会经费审查委员会向同级会员大会或会员代表大会负责并报告工作；在大会闭会期间，向同级工会委员会负责并报告工作。

上级经费审查委员会应当对下一级工会及其直属企业、事业单位的经费收支和资产管理情况进行审查。

中华全国总工会经费审查委员会委员实行替补制，各级地方总工会经费审查委员会委员和独立管理经费的产业工会经费审查委员会委员，也可以实行替补制。

第十四条 各级工会建立女职工委员会，表达和维护女职工的合法权益。女职工委员会由同级工会委员会提名，在充分协商的基础上组成或者选举产生，女职工委员会与工会委员会同时建立，在同级工会委员会领导下开展工作。企业工会女职工委员会是县或者县以上妇联的团体会员，通过县以上地方工会接受妇联的业务指导。

第十五条 县和县以上各级工会组织应当建立法律服务机构，为保护职工和工会组织的合法权益提供服务。

各级工会组织应当组织和代表职工开展劳动法律监督。

第十六条 成立或者撤销工会组织，必须经会员大会或者会员代表大会通过，并报上一级工会批准。工会基层组织所在的企业终止，或者所在的事业单位、机关和其他社会组织被撤销，该工会组织相应撤销，并报上级工会备案。其他组织和个人不得随意撤销工会组织，也不得把工会组织的机构撤销、合并或者归属其他工作部门。

第三章　全国组织

第十七条 中国工会全国代表大会，每五年举行一次，由中华全国总工会执行委员会召集。在特殊情况下，由中华全国总工会执行委员会主席团提议，经执行委员会全体会议通过，可以提前或者延期举行。代表名额和代表选举办法由中华全国总工会决定。

第十八条 中国工会全国代表大会的职权是：

（一）审议和批准中华全国总工会执行委员会的工作报告。

（二）审议和批准中华全国总工会执行委员会的经费收支情况报告和经费审查委员会的工作报告。

（三）修改中国工会章程。

（四）选举中华全国总工会执行委员会和经费审查委员会。

第十九条 中华全国总工会执行委员会，在全国代表大会闭会期间，负责贯彻执行全国代表大会的决议，领导全国工会工作。

执行委员会全体会议选举主席一人、副主席若干人、主席团委员若干人，组成主席团。

执行委员会全体会议由主席团召集，每年至少举行一次。

第二十条 中华全国总工会执行委员会全体会议闭会期间，由主席团行使执行委员会的职权。主席团全体会议，由主席召集。

主席团闭会期间，由主席、副主席组成的主席会议行使主席团职权。主席会议由中华全国总工会主席召集并主持。

主席团下设书记处，由主席团在主席团成员中推选第一书记一人，书记若干人组成。书记处在主席团领导下，主持中华全国总工会的日常工作。

第二十一条 产业工会全国组织的设置，由中华全国总工会根据需要确定。

产业工会全国委员会的建立，经中华全国总工会批准，可以按照联合制、代表制原则组成，也可以由产业工会全国代表大会选举产生。全国委员会每届任期五年。任期届满，应当如期召开会议，进行换届选举。在特殊情况下，经中华全国总工会批准，可以提前或者延期举行。

产业工会全国代表大会和按照联合制、代表制原则组成的产业工会全国委员会全体会议的职权是：审议和批准产业工会全国委员会的工作报告；选举产业工会全国委员会或者产业工会全国委员会常务委员会。独立管理经费的产业工会，选举经费审查委员会，并向产业工会全国代表大会或者委员会全体会议报告工作。产业工会全国委员会常务委员会由主席一人、副主席若干人、常务委员若干人组成。

第四章 地方组织

第二十二条 省、自治区、直辖市，设区的市和自治州，县（旗）、自治县、不设区的市的工会代表大会，由同级总工会委员会召集，每五年举行一次。在特殊情况下，由同级总工会委员会提议，经上一级工会批准，可以提前或者延期举行。工会的地方各级代表大会的职权是：

（一）审议和批准同级总工会委员会的工作报告。

（二）审议和批准同级总工会委员会的经费收支情况报告和经费审查委员会的工作报告。

（三）选举同级总工会委员会和经费审查委员会。

各级地方总工会委员会，在代表大会闭会期间，执行上级工会的决定和同级工会代表大会的决议，领导本地区的工会工作，定期向上级总工会委员会报告工作。

根据工作需要，省、自治区总工会可在地区设派出代表机关。直辖市和设区的市总工会在区一级建立总工会。

县和城市的区可在乡镇和街道建立乡镇工会和街道工会组织，具备条件的，建立总工会。

第二十三条 各级地方总工会委员会选举主席一人、副主席若干人、常务委员若干人，组成常务委员会。工会委员会、常务委员会和主席、副主席以及经费审查委员会的选举结果，报上一级总工会批准。

各级地方总工会委员会全体会议，每年至少举行一次，由常务委员会召集。各级地方总工会常务委员会，在委员会全体会议闭会期间，行使委员会的职权。

第二十四条 各级地方产业工会组织的设置，由同级地方总工会根据本地区的实际情况确定。

第五章 基层组织

第二十五条 企业、事业单位、机关和其他社会组织等基层单位，应当依法建立工会组织。社区和行政村可以建立工会组织。从实际出发，建立区域性、行业性工会联合会，推进新经济组织、新社会组织工会组织建设。

有会员二十五人以上的，应当成立工会基层委员会；不足二十五人的，可以单独建立工会基层委员会，也可以由两个以上单位的会员联合建立工会基层委员会，也可以选举组织员或者工会主席一人，主持基层工会工作。工会基层委员会有女会员十人以上的建立女职工委员会，不足十人的设女职工委员。

职工二百人以上企业、事业单位的工会设专职工会主席。工会专职工作人员的人数由工会与企业、事业单位协商确定。

基层工会具备法人条件，依法取得社团法人资格，工会主席为法定代表人。

第二十六条 工会基层组织的会员大会或者会员代表大会，每年至少召开一次。经基层工会委员会或者三分之一以上的工会会员提议，可以临时召开会员大会或者会员代表大会。工会会员在一百人以下的基层工会应当召开会员大会。

工会会员大会或者会员代表大会的职权是：

（一）审议和批准工会基层委员会的工作报告。

（二）审议和批准工会基层委员会的经费收支情况报告和经费审查委员会的工作报告。

（三）选举工会基层委员会和经费审查委员会。

（四）撤换或者罢免其所选举的代表或者工会委员会组成人员。

（五）讨论决定工会工作的重大问题。

工会基层委员会和经费审查委员会每届任期三年至五年，具体任期由会员大会或者会员代表大会决定。任期届满，应当如期召开会议，进行换届选举。在特殊情况下，经上一级工会批准，可以提前或者延期举行。

会员代表大会的代表实行常任制，任期与本单位工会委员会相同。

第二十七条 工会基层委员会的委员，应当在会员或者会员代表充分酝酿协商的基础上选举产生；主席、副主席，可以由会员大会或者会员代表大会直接选举产生，也可以由工会基层委员会选举产生。大型企业、事业单位的工会委员会，根据工作需要，经上级工会委员会批准，可以设立常务委员会。工会基层委员会、常务委员会和主席、副主席以及经费审查委员会的选举结果，报上一级工会批准。

第二十八条 工会基层委员会的基本任务是：

（一）执行会员大会或者会员代表大会的决议和上级工会的决定，主持基层工会的日常工作。

（二）代表和组织职工依照法律规定，通过职工代表大会、厂务公开和其他形式，参加本单位民主管理和民主监督，在公司制企业落实职工董事、职工监事制度。企业、事业单位工会委员会是职工代表大会工作机构，负责职工代表大会的日常工作，检查、督促职工代表大会决议的执行。

（三）参与协调劳动关系和调解劳动争议，与企业、事业单位行政方面建立协商制度，协商解决涉及职工切身利益问题。帮助和指导职工与企业、事业单位行政方面签订和履行劳动合同，代表职工与企业、事业单位行政方面签订集体合同或者其他专项协议，并监督执行。

（四）组织职工开展劳动和技能竞赛、合理化建议、技能培训、技术革新和技术协作等活动，培育工匠人才，总结推广先进经验。做好劳动模范和先进生产（工作）者的评选、表彰、培养和管理服务工作。

（五）加强对职工的政治引领和思想教育，开展法治宣传教育，重视人文关怀和心理疏导，鼓励支持职工学习文化科学技术和管理知识，开展健康的文化体育活动。推进企业文化职工文化建设，办好工会文化、教育、体育事业。

（六）监督有关法律、法规的贯彻执行。协助和督促行政方面做好工资、安全生产、职业病防治和社会保险等方面的工作，推动落实职工福利待遇。办好职工集体福利事业，改善职工生活，对困难职工开展帮扶。依法参与生产安全事故和职业病危害事故的调查处理。

（七）维护女职工的特殊利益，同歧视、虐待、摧残、迫害女职工的现象作斗争。

（八）搞好工会组织建设，健全民主制度和民主生活。建立和发展工会积极分子队伍。做好会员的发展、接收、教育和会籍管理工作。加强职工之家建设。

（九）收好、管好、用好工会经费，管理好工会资产和工会的企业、事业。

第二十九条 教育、科研、文化、卫生、体育等事业单位和机关工会，从脑力劳动者比较集中的特点出发开展工作，积极了解和关心职工的思想、工作和生活，推动党的知识分子政策的贯彻落实。组织职工搞好本单位的民主管理和民主监督，为发挥职工的聪明才智，创造良好的条件。

第三十条 工会基层委员会根据工作需要，可以在分厂、车间（科室）建立分厂、车间（科室）工会委员会。分厂、车间（科室）工会委员会由分厂、车间（科室）会员大会或者会员代表大会选举产生，任期和工会基层委员会相同。

工会基层委员会和分厂、车间（科室）委员会，可以根据需要设若干专门委员会或者专门小组。

按照生产（行政）班组建立工会小组，民主选举工会小组长，积极开展工会小组活动。

第六章 工会干部

第三十一条 各级工会组织按照革命化、年轻化、知识化、专业化的要求，努力建设一支坚持党的基本路线，熟悉本职业务，热爱工会工作，受到职工信赖的干部队伍。

第三十二条 工会干部要努力做到：

（一）认真学习马克思列宁主义、毛泽东思想、邓小平理论、“三个代表”重要思想、科学发展观、习近平新时代中国特色社会主义思想，学习政治、经济、历史、文化、科技、法律和工会业务等知识，提高政治能力，增强群众工作本领。

（二）执行党的基本路线和各项方针政策，遵守国家法律、法规，在改革开放和社会主义现代化建设中勇于开拓创新。

（三）信念坚定，忠于职守，勤奋工作，敢于担当，廉洁奉公，顾全大局，维护团结。

（四）坚持实事求是，认真调查研究，如实反映职工的意见、愿望和要求。

（五）坚持原则，不谋私利，热心为职工说话办事，依法维护职工的合法权益。

（六）作风民主，联系群众，增强群众意识和群众感情，自觉接受职工群众的批评和监督。

第三十三条 各级工会组织根据有关规定管理工会干部，重视发现培养和选拔优秀年轻干部、女干部、少数民族干部，成为培养干部的重要基地。

基层工会主席、副主席任期未满不得随意调动其工作。因工作需要调动时，应事先征得本级工会委员会和上一级工会同意。

第三十四条 各级工会组织建立与健全干部培训制度。办好工会干部院校和各种培训班。

第三十五条 各级工会组织关心工会干部的思想、学习和生活，督促落实相应的待遇，支持他们的工作，坚决同打击报复工会干部的行为作斗争。

县和县以上工会设立工会干部权益保障金，保障工会干部依法履行职责。

县和县以上工会可以为基层工会选派、聘用工作人员。

第七章　工会经费和资产

第三十六条　工会经费的来源：

（一）会员交纳的会费。

（二）企业、事业单位、机关和其他社会组织按全部职工工资总额的百分之二向工会拨缴的经费或者建会筹备金。

（三）工会所属的企业、事业单位上缴的收入。

（四）人民政府和企业、事业单位、机关和其他社会组织的补助。

（五）其他收入。

第三十七条　工会经费主要用于为职工服务和开展工会活动。各级工会组织应坚持正确使用方向，加强预算管理，优化支出结构，开展监督检查。

第三十八条　县和县以上各级工会应当与税务、财政等有关部门合作，依照规定做好工会经费收缴和应当由财政负担的工会经费拨缴工作。

未成立工会的企业、事业单位、机关和其他社会组织，按工资总额的百分之二向上级工会拨缴工会建会筹备金。

具备社团法人资格的工会应当依法设立独立经费账户。

第三十九条　工会资产是社会团体资产，中华全国总工会对各级工会的资产拥有终极所有权。各级工会依法依规加强对工会资产的监督、管理，保护工会资产不受损害，促进工会资产保值增值。根据经费独立原则，建立预算、决算、资产监管和经费审查监督制度。实行“统一领导、分级管理”的财务体制、“统一所有、分级监管、单位使用”的资产监管体制和“统一领导、分级管理、分级负责、下审一级”的经费审查监督体制。工会经费、资产的管理和使用办法以及工会经费审查监督制度，由中华全国总工会制定。

第四十条 各级工会委员会按照规定编制和审批预算、决算，定期向会员大会或者会员代表大会和上一级工会委员会报告经费收支和资产管理情况，接受上级和同级工会经费审查委员会审查监督。

第四十一条 工会经费、资产和国家及企业、事业单位等拨给工会的不动产和拨付资金形成的资产受法律保护，任何单位和个人不得侵占、挪用和任意调拨；不经批准，不得改变工会所属企业、事业单位的隶属关系和产权关系。

工会组织合并，其经费资产归合并后的工会所有；工会组织撤销或者解散，其经费资产由上级工会处置。

第八章　会　徽

第四十二条 中国工会会徽，选用汉字“中”、“工”两字，经艺术造型呈圆形重叠组成，并在两字外加一圆线，象征中国工会和中国工人阶级的团结统一。会徽的制作标准，由中华全国总工会规定。

第四十三条 中国工会会徽，可在工会办公地点、活动场所、会议会场悬挂，可作为纪念品、办公用品上的工会标志，也可以作为徽章佩戴。

第九章　附　则

第四十四条 本章程解释权属于中华全国总工会。

企业工会工作条例

（2006年12月11日 中华全国总工会第十四届

执行委员会第四次全体会议通过）

第一章　总　则

第一条　为加强和改进企业工会工作，发挥企业工会作用，根据《工会法》、《劳动法》和《中国工会章程》，制定本条例。

第二条　企业工会是中华全国总工会的基层组织，是工会的重要组织基础和工作基础，是企业工会会员和职工合法权益的代表者和维护者。

第三条　企业工会以邓小平理论和“三个代表”重要思想为指导，贯彻科学发展观，坚持全心全意依靠工人阶级根本指导方针，走中国特色社会主义工会发展道路，落实“组织起来、切实维权”的工作方针，团结和动员职工为实现全面建设小康社会宏伟目标作贡献。

第四条　企业工会贯彻促进企业发展、维护职工权益的工作原则，协调企业劳动关系，推动建设和谐企业。

第五条　企业工会在本企业党组织和上级工会的领导下，依照法律和工会章程独立自主地开展工作，密切联系职工群众，关心职工群众生产生活，热忱为职工群众服务，努力建设成为组织健全、维权到位、工作活跃、作用明显、职工信赖的职工之家。

第二章　企业工会组织

第六条　企业工会依法组织职工加入工会，维护职工参加工会的权利。

第七条 会员二十五人以上的企业建立工会委员会；不足二十五人的可以单独建立工会委员会，也可以由两个以上企业的会员按地域或行业联合建立基层工会委员会。同时按有关规定建立工会经费审查委员会、工会女职工委员会。

企业工会具备法人条件的，依法取得社会团体法人资格，工会主席是法定代表人。

企业工会受法律保护，任何组织和个人不得随意撤销或将工会工作机构合并、归属到其他部门。

企业改制须同时建立健全工会组织。

第八条 会员大会或会员代表大会是企业工会的权力机关，每年召开一至两次会议。经企业工会委员会或三分之一以上会员提议可临时召开会议。

会员代表大会的代表由会员民主选举产生，会员代表实行常任制，任期与企业本届工会委员会相同，可连选连任。

会员在一百人以下的企业工会应召开会员大会。

第九条 会员大会或会员代表大会的职权：

（一）审议和批准工会委员会的工作报告。

（二）审议和批准工会委员会的经费收支情况报告和经费审查委员会的工作报告。

（三）选举工会委员会和经费审查委员会。

（四）听取工会主席、副主席的述职报告，并进行民主评议。

（五）撤换或者罢免其所选举的代表或者工会委员会组成人员。

（六）讨论决定工会工作其他重大问题。

第十条 会员大会或会员代表大会与职工代表大会或职工大会须分别行使职权，不得相互替代。

第十一条　企业工会委员会由会员大会或会员代表大会差额选举产生，选举结果报上一级工会批准，每届任期三年或者五年。

大型企业工会经上级工会批准，可设立常务委员会，负责工会委员会的日常工作，其下属单位可建立工会委员会。

第十二条　企业工会委员会是会员大会或会员代表大会的常设机构，对会员大会或会员代表大会负责，接受会员监督。在会员大会或会员代表大会闭会期间，负责日常工作。

第十三条　企业工会委员会根据工作需要，设立相关工作机构或专门工作委员会、工作小组。

工会专职工作人员一般按不低于企业职工人数的千分之三配备，具体人数由上级工会、企业工会与企业行政协商确定。

根据工作需要和经费许可，工会可从社会聘用工会工作人员，建立专兼职相结合的干部队伍。

第十四条　企业工会委员会实行民主集中制，重要问题须经集体讨论作出决定。

第十五条　企业工会委员（常委）会一般每季度召开一次会议，讨论或决定以下问题：

（一）贯彻执行会员大会或会员代表大会决议和党组织、上级工会有关决定、工作部署的措施。

（二）提交会员大会或会员代表大会的工作报告和向党组织、上级工会的重要请示、报告。

（三）工会工作计划和总结。

（四）向企业提出涉及企业发展和职工权益重大问题的建议。

（五）工会经费预算执行情况及重大财务支出。

（六）由工会委员会讨论和决定的其他问题。

第十六条　企业生产车间、班组建立工会分会、工会小组，会员民主选举工会主席、工会小组长，组织开展工会活动。

第十七条 建立工会积极分子队伍，发挥工会积极分子作用。

第三章 基本任务和活动方式

第十八条 企业工会的基本任务：

（一）执行会员大会或会员代表大会的决议和上级工会的决定。

（二）组织职工依法通过职工代表大会或职工大会和其他形式，参加企业民主管理和民主监督，检查督促职工代表大会或职工大会决议的执行。

（三）帮助和指导职工与企业签订劳动合同。就劳动报酬、工作时间、劳动定额、休息休假、劳动安全卫生、保险福利等与企业平等协商、签订集体合同，并监督集体合同的履行。调解劳动争议。

（四）组织职工开展劳动竞赛、合理化建议、技术革新、技术攻关、技术协作、发明创造、岗位练兵、技术比赛等群众性经济技术创新活动。

（五）组织培养、评选、表彰劳动模范，负责做好劳动模范的日常管理工作。

（六）对职工进行思想政治教育，组织职工学习文化、科学和业务知识，提高职工素质。办好职工文化、教育、体育事业，开展健康的文化体育活动。

（七）协助和督促企业做好劳动报酬、劳动安全卫生和保险福利等方面的工作，监督有关法律法规的贯彻执行。参与劳动安全卫生事故的调查处理。协助企业办好职工集体福利事业，做好困难职工帮扶救助工作，为职工办实事、做好事、解难事。

（八）维护女职工的特殊利益。

（九）加强组织建设，健全民主生活，做好会员会籍管理工作。

（十）收好、管好、用好工会经费，管理好工会资产和工会企（事）业。

第十九条 坚持群众化、民主化，实行会务公开。凡涉及会员群众利益的重要事项，须经会员大会或会员代表大会讨论决定；工作计划、重大活动、经费收支等情况接受会员监督。

第二十条 按照会员和职工群众的意愿，依靠会员和职工群众，开展形式多样的工会活动。

第二十一条 工会召开会议或者组织职工活动，需要占用生产时间的，应当事先征得企业的同意。企业行政应积极支持工会开展活动。

工会非专职委员占用生产或工作时间参加会议或者从事工会工作，在法律规定的时间内工资照发，其他待遇不受影响。

第二十二条 开展建设职工之家活动，建立会员评议建家工作制度，增强工会凝聚力，提高工会工作水平。

推动企业关爱职工，引导职工热爱企业，创建劳动关系和谐企业。

第四章 工会主席

第二十三条 职工二百人以上的企业工会依法配备专职工会主席。由同级党组织负责人担任工会主席的，应配备专职工会副主席。

第二十四条 国有、集体及其控股企业工会主席候选人，应由同级党组织和上级工会在充分听取会员意见的基础上协商提名。工会主席按企业党政同级副职级条件配备，是共产党员的应进入同级党组织领导班子。专职工会副主席按不低于企业中层正职配备。

私营企业、外商投资企业、港澳台商投资企业工会主席候选人，由会员民主推荐，报上一级工会同意提名；也可以由上级工会推荐产生。已建党组织的企业工会主席候选人须经党组织审核。工会主席享受企业行政副职待遇。

企业行政负责人、合伙人及其近亲属不得作为本企业工会委员会成员的人选。

第二十五条 工会主席、副主席可以由会员大会或会员代表大会直接选举产生，也可以由企业工会委员会选举产生。工会主席出现空缺，须按民主程序及时进行补选。

第二十六条 工会主席应当具备下列条件：

（一）政治立场坚定，热爱工会工作。

（二）具有与履行职责相应的文化程度、法律法规和生产经营管理知识。

（三）作风民主，密切联系群众，热心为会员和职工服务。

（四）有较强的协调劳动关系和组织活动能力。

第二十七条 企业工会主席的职权：

（一）负责召集工会委员会会议，主持工会日常工作。

（二）参加企业涉及职工切身利益和有关生产经营重大问题的会议，反映职工的意愿和要求，提出工会的意见。

（三）以职工方首席代表的身份，代表和组织职工与企业进行平等协商、签订集体合同。

（四）代表和组织职工参与企业民主管理。

（五）代表和组织职工依法监督企业执行劳动安全卫生等法律法规，要求纠正侵犯职工和工会合法权益的行为。

（六）担任劳动争议调解委员会主任，主持企业劳动争议调解委员会的工作。

（七）向上级工会报告重要信息。

（八）负责管理工会资产和经费。

第二十八条 按照法律规定，企业工会主席、副主席任期未满时，不得随意调动其工作。因工作需要调动时，应征得本级工会委员会和上一级工会的同意。

罢免工会主席、副主席必须召开会员大会或会员代表大会讨论，非经会员大会全体会员或者会员代表大会全体代表无记名投票过半数通过，不得罢免。

工会专职主席、副主席或者委员自任职之日起，其劳动合同期限自动延长，延长期限相当于其任职期间；非专职主席、副主席或者委员自任职之日起，其尚未履行的劳动合同期限短于任期的，劳动合同期限自动延长至任期期满。任职期间个人严重过失或者达到法定退休年龄的除外。

第二十九条 新任企业工会主席、副主席，应在一年内参加上级工会举办的上岗资格或业务培训。

第五章 工作机制和制度

第三十条 帮助和指导职工签订劳动合同。代表职工与企业协商确定劳动合同文本的主要内容和条件，为职工签订劳动合同提供法律、技术等方面的咨询和服务。监督企业与所有职工签订劳动合同。

工会对企业违反法律法规和有关合同规定解除职工劳动合同的，应提出意见并要求企业将处理结果书面通知工会。工会应对企业经济性裁员事先提出同意或否决的意见。

监督企业和引导职工严格履行劳动合同，依法督促企业纠正违反劳动合同的行为。

第三十一条 依法与企业进行平等协商，签订集体合同，并可就劳动报酬、劳动安全卫生、女职工特殊权益保护等签订专项集体合同。

工会应将劳动报酬、工作时间、劳动定额、保险福利、劳动安全卫生等问题作为协商重点内容。

工会依照民主程序选派职工协商代表，可依法委托本企业以外的专业人士作为职工协商代表，但不得超过本方协商代表总数的三分之一。

小型企业集中的地方，可由上一级工会直接代表职工与相应的企业组织或企业进行平等协商，签订县以下区域性、行业性集体合同或专项集体合同。

劳务派遣工集中的企业，工会可与企业、劳务公司共同协商签订集体合同。

第三十二条 工会发出集体协商书面要约二十日内，企业不予回应的，工会可要求上级工会协调；企业无正当理由拒绝集体协商的，工会可提请县级以上人民政府责令改正，依法处理；企业违反集体合同规定的，工会可依法要求企业承担责任。

第三十三条 企业工会是职工代表大会或职工大会的工作机构，负责职工代表大会或职工大会的日常工作。

职工代表大会的代表经职工民主选举产生。职工代表大会中的一线职工代表一般不少于职工代表总数的百分之五十。女职工、少数民族职工代表应占相应比例。

第三十四条 国有企业、国有控股企业职工代表大会或职工大会的职权：

（一）听取审议企业生产经营、安全生产、重组改制等重大决策以及实行厂务公开、履行集体合同情况报告，提出意见和建议。

（二）审议通过集体合同草案、企业改制职工安置方案。审查同意或否决涉及职工切身利益的重要事项和企业规章制度。

（三）审议决定职工生活福利方面的重大事项。

（四）民主评议监督企业中层以上管理人员，提出奖惩任免建议。

（五）依法行使选举权。

（六）法律法规规定的其他权利。

集体（股份合作制）企业职工代表大会或职工大会的职权：

（一）制定、修改企业章程。

（二）选举、罢免企业经营管理人员。

（三）审议决定经营管理以及企业合并、分立、变更、破产等重大事项。

（四）监督企业贯彻执行国家有关劳动安全卫生等法律法规、实行厂务公开、执行职代会决议等情况。

（五）审议决定有关职工福利的重大事项。

私营企业、外商投资企业和港澳台商投资企业职工代表大会或职工大会的职权：

（一）听取企业发展规划和年度计划、生产经营等方面的报告，提出意见和建议。

（二）审议通过涉及职工切身利益重大问题的方案和企业重要规章制度、集体合同草案等。

（三）监督企业贯彻执行国家有关劳动安全卫生等法律法规、实行厂务公开、履行集体合同和执行职代会决议、缴纳职工社会保险、处分和辞退职工的情况。

（四）法律法规、政策和企业规章制度规定及企业授权和集体协商议定的其他权利。

第三十五条 职工代表大会或职工大会应有全体职工代表或全体职工三分之二以上参加方可召开。职工代表大会或职工大会进行选举和作出重要决议、决定，须采用无记名投票方式进行表决，经全体职工代表或全体职工过半数通过。

小型企业工会可联合建立区域或行业职工代表大会，解决本区域或行业涉及职工利益的共性问题。

公司制企业不得以股东会取代职工代表大会或职工大会。

第三十六条 督促企业建立和规范厂务公开制度。

第三十七条 凡设立董事会、监事会的公司制企业，工会应依法督促企业建立职工董事、职工监事制度。

职工董事、职工监事人选由企业工会提名，通过职工代表大会或职工大会民主选举产生，表达职工意愿和诉求，接受职工监督。企业工会主席、副主席一般应分别作为职工董事、职工监事的候选人。

第三十八条 建立劳动法律监督委员会，职工人数较少的企业应设立工会劳动法律监督员，对企业执行有关劳动报酬、劳动安全卫生、工作时间、休息休假、女职工和未成年工保护、保险福利等劳动法律法规情况进行群众监督。

第三十九条 建立劳动保护监督检查委员会，生产班组中设立工会小组劳动保护检查员。建立完善工会监督检查、重大事故隐患和职业危害建档跟踪、群众举报等制度，建立工会劳动保护工作责任制。依法参加职工因工伤亡事故和其他严重危害职工健康问题的调查处理。协助与督促企业落实法律赋予工会与职工安全生产方面的知情权、参与权、监督权和紧急避险权。开展群众性安全生产活动。

依照国家法律法规对企业新建、扩建和技术改造工程中的劳动条件和安全卫生设施与主体工程同时设计、同时施工、同时使用进行监督。

发现企业违章指挥、强令工人冒险作业，或者生产过程中发现明显重大事故隐患和职业危害，工会应提出解决的建议；发现危及职工生命安全的情况，工会有权组织职工撤离危险现场。

第四十条 依法建立企业劳动争议调解委员会，劳动争议调解委员会由职工代表、企业代表和工会代表组成，办事机构设在企业工会。职工代表和工会代表的人数不得少于调解委员会成员总数的三分之二。

建立劳动争议预警机制，发挥劳动争议调解组织的预防功能，建立企业劳动争议信息员制度，做好劳动争议预测、预报、预防工作。

企业发生停工、怠工事件，工会应当积极同企业或者有关方面协商，反映职工的意见和要求并提出解决意见，协助企业做好工作，尽快恢复生产、工作秩序。

第四十一条 开展困难职工生活扶助、医疗救助、子女就学和职工互助互济等工作。有条件的企业工会建立困难职工帮扶资金。

第六章 女职工工作

第四十二条 企业工会有女会员十名以上的，应建立工会女职工委员会，不足十名的应设女职工委员。

女职工委员会在企业工会委员会领导和上一级工会女职工委员会指导下开展工作。

女职工委员会主任由企业工会女主席或副主席担任。企业工会没有女主席或副主席的，由符合相应条件的工会女职工委员担任，享受同级工会副主席待遇。

女职工委员会委员任期与同级工会委员会委员相同。

第四十三条 女职工委员会依法维护女职工的合法权益，重点是女职工经期、孕期、产期、哺乳期保护，禁忌劳动、卫生保健、生育保险等特殊利益。

第四十四条 女职工委员会定期研究涉及女职工特殊权益问题，向企业工会委员会和上级女职工委员会报告工作，重要问题应提交企业职工代表大会或职工大会审议。

第四十五条 企业工会应为女职工委员会开展工作与活动提供必要的经费。

第七章 工会经费和资产

第四十六条 督促企业依法按每月全部职工工资总额的百分之二向

工会拨缴经费、提供工会办公和开展活动的必要设施和场所等物质条件。

第四十七条 工会依法设立独立银行账户，自主管理和使用工会经费、会费。工会经费、会费主要用于为职工服务和工会活动。

第四十八条 督促企业按国家有关规定支付工会会同企业开展的职工教育培训、劳动保护、劳动竞赛、技术创新、职工疗休养、困难职工补助、企业文化建设等工作所需费用。

第四十九条 工会经费审查委员会代表会员群众对工会经费收支和财产管理进行审查监督。

建立经费预算、决算和经费审查监督制度，经费收支情况接受同级工会经费审查委员会审查，接受上级工会审计，并定期向会员大会或会员代表大会报告。

第五十条 企业工会经费、财产和企业拨给工会使用的不动产受法律保护，任何单位和个人不得侵占、挪用和任意调拨。

企业工会组织合并，其经费财产归合并后的工会所有；工会组织撤销或解散，其经费财产由上级工会处置。

第八章 工会与企业党组织、行政和上级工会

第五十一条 企业工会接受同级党组织和上级工会双重领导，以同级党组织领导为主。未建立党组织的企业，其工会由上一级工会领导。

第五十二条 企业工会与企业行政具有平等的法律地位，相互尊重、相互支持、平等合作，共谋企业发展。

企业工会与企业可以通过联席会、民主议事会、民主协商会、劳资恳谈会等形式，建立协商沟通制度。

第五十三条 企业工会支持企业依法行使经营管理权，动员和组织职工完成生产经营任务。

督促企业按照有关规定，按职工工资总额的百分之一点五至百分之二点五、百分之一分别提取职工教育培训费用和劳动竞赛奖励经费，并严格管理和使用。

第五十四条 企业行政应依法支持工会履行职责，为工会开展工作创造必要条件。

第五十五条 上级工会负有对企业工会指导和服务的职责，为企业工会开展工作提供法律、政策、信息、培训和会员优惠等方面的服务，帮助企业工会协调解决工作中的困难和问题。

企业工会在履行职责遇到困难时，可请上级工会代行企业工会维权职责。

第五十六条 县以上地方工会设立保护工会干部专项经费，为维护企业工会干部合法权益提供保障。经费来源从本级工会经费中列支，也可以通过其他渠道多方筹集。

建立上级工会保护企业工会干部责任制。对因履行职责受到打击报复或不公正待遇以及有特殊困难的企业工会干部，上级工会应提供保护和帮助。

上级工会与企业工会、企业行政协商，可对企业工会兼职干部给予适当补贴。

第五十七条 上级工会应建立对企业工会干部的考核、激励机制，对依法履行职责作出突出贡献的工会干部给予表彰奖励。

工会主席、副主席不履行职责，上级工会应责令其改正；情节严重的可以提出罢免的建议，按照有关规定予以罢免。

第九章 附 则

第五十八条 本条例适用于中华人民共和国境内所有企业和实行企业化管理的事业单位工会。

第五十九条 本条例由中华全国总工会解释。

第六十条 本条例自公布之日起施行。

中华全国总工会关于印发《机关工会工作暂行条例》的通知

（总工发〔2015〕27号）

各省、自治区、直辖市总工会，各全国产业工会，中共中央直属机关工会联合会、中央国家机关工会联合会，全总各部门、各直属单位：

现将《机关工会工作暂行条例》印发给你们，请结合实际，认真贯彻执行。

中华全国总工会
2015年6月26日

机关工会工作暂行条例

第一章 总 则

第一条 为加强机关工会工作制度化、规范化建设，充分发挥机关工会作用，根据《中华人民共和国工会法》和《中国工会章程》，制定本条例。

第二条 机关工会是指党的机关、人大机关、行政机关、政协机关、审判机关、检察机关，各民主党派和工商联的机关，以及使用国家行政编制的人民团体和群众团体机关等依法建立的工会组织。

第三条 机关工会必须坚持党的领导，在同级机关党组织领导下，依照法律和《中国工会章程》独立自主地开展工作，依法行使权利和履行义务。

第四条 机关工会以马克思列宁主义、毛泽东思想、邓小平理论、“三个代表”重要思想、科学发展观为指导，深入贯彻习近平总书记系列重要讲话精神，坚持正确政治方向，在思想上、政治上、行动上同党中央保持一致，坚定不移走中国特色社会主义工会发展道路，认真履行工会各项社会职能，团结动员机关职工为完成机关各项任务作贡献，在全面建成小康社会、实现中华民族伟大复兴的中国梦的历史进程中充分发挥作用。

第五条 机关工会坚持以改革创新精神加强自身建设，坚持群众化、民主化、制度化，改进工作作风，保持同职工的密切联系，依靠职工开展工作，把机关工会组织建设成职工群众信赖的“职工之家”，把工会干部锤炼成听党话、跟党走、职工群众信赖的“娘家人”。

第二章 组织建设

第六条 机关单位应当依法建立工会组织。有会员二十五人以上的，应当建立机关工会委员会；不足二十五人的，可以单独建立机关工会委员会，也可以由两个以上单位的会员联合建立机关工会委员会，也可以选举工会主席一人，主持工会工作。

机关内设部门及机构，可以建立机关工会分会或者工会小组。

会员人数较多的工会组织，可以根据需要设立相应的专门工作委员会，承担工会委员会的有关工作。

第七条 机关工会组织按照民主集中制原则建立。工会委员会由会员大会或者会员代表大会民主选举产生，选举结果报上一级工会批准。

机关工会接受同级机关党组织和上级工会双重领导，以同级机关党组织领导为主。

第八条 机关工会委员会每届任期三至五年，具体任期由会员大会或者会员代表大会决定。

机关工会委员会应当按期换届。因故提前或者延期换届的，应当报上一级工会批准。任期届满未换届的，上级工会有权督促其限期进行换届。

第九条 机关工会委员会具备条件的，应当依法申请取得工会法人资格，工会主席或者主持工作的副主席为法定代表人。

第十条 各省、自治区、直辖市，设区的市（地）和自治州（盟），县（区、旗）、自治县、不设区的市所属机关，经同级地方工会或者其派出机关批准，成立机关工会委员会或者联合机关工会委员会。

各省、自治区、直辖市，设区的市（地）和自治州（盟），县（区、旗）、自治县、不设区的市，经同级地方工会批准，可以成立地方机关工会联合会，也可以设立地方机关工会工作委员会，领导本级各机关工会委员会或者联合机关工会委员会。

地方机关工会联合会或者地方机关工会工作委员会以同级地方直属机关党的工作委员会领导为主，同时接受地方工会的领导。

第十一条 中央直属机关工会联合会、中央国家机关工会联合会的建立，由中华全国总工会批准。中央直属机关工会联合会、中央国家机关工会联合会以中央直属机关工作委员会、中央国家机关工作委员会领导为主，同时接受中华全国总工会的领导。

中央和国家机关各部委、各人民团体机关，经中央直属机关工会联合会或者中央国家机关工会联合会批准，成立机关工会委员会。

第三章 工作职责

第十二条 机关工会的职责是：

（一）加强对职工进行中国特色社会主义理论体系教育，深入开展党的基本理论、基本路线、基本纲领、基本经验、基本要求教育，培育和践行社会主义核心价值观，不断提高机关职工政治理论、思想道德、科学文化和业务素质水平。

（二）动员组织职工围绕机关中心工作，开展创先争优活动，做好先进工作者的评选、表彰、培养、管理和服务工作。

（三）加强和改进职工思想政治工作，注重人文关怀和心理疏导，开展群众性精神文明创建、文化体育活动，丰富职工精神文化生活，推动机关文化建设。

（四）配合党政机关贯彻落实《中华人民共和国公务员法》等法律法规，维护机关职工合法权益，协助党政机关解决涉及职工切身利益的问题。做好困难职工帮扶工作，组织职工参加疗养、休养及健康体检，努力为职工办实事、做好事、解难事，促进和谐机关建设。

（五）加强调查研究，反映机关职工意见和建议，参与机关内部事务民主管理、民主监督，促进机关内部事务公开，保障职工的知情权、参与权、表达权、监督权，推进机关廉政建设。

（六）加强工会组织建设，健全工会民主制度，做好会员的发展、接收、教育和会籍管理工作，加强对专（兼）职工会干部和工会积极分子的培养，深入开展建设职工之家活动。

（七）依法收好、管好、用好工会经费，管理好工会资产。

第四章　组织制度

第十三条　机关工会每年至少召开一次会员大会或者会员代表大会。经机关工会委员会或者三分之一以上会员提议，可以临时召开会议。会员在一百人以下的应当召开会员大会。

会员大会和会员代表大会的主要任务是：传达党组织、上级工会的重要指示精神；审议和批准工会委员会工作报告；审议和批准工会委员会的经费收支情况报告和经费审查委员会的工作报告；选举工会委员会、经费审查委员会；讨论决定工会工作的重大问题；公开工会内部事务；民主评议监督工会工作和工会领导人。

会员代表大会代表实行常任制，任期与工会委员会相同。

第十四条 机关工会委员会主持会员大会或者会员代表大会的日常工作，向会员大会或者会员代表大会负责并报告工作，接受会员监督。

第十五条 机关工会委员会的主要任务是：负责贯彻党组织和上级工会工作部署、会员大会或者会员代表大会决议；向党组织和上级工会请示报告有关召开会员大会或者会员代表大会的重要事宜；研究制定工会工作计划和重大活动方案，提出工作报告；编制和执行工会经费预算，编报工会经费决算，审批重大支出项目；讨论和决定其他重要事项。

第十六条 机关工会委员会向同级机关党组织请示汇报以下事项：贯彻上级党组织对工会工作重要指示和上级工会重要工作部署的意见；召开会员大会或者会员代表大会的方案、工会工作报告、工作安排、重要活动及主要领导成员的推荐人选；涉及职工切身利益的重大问题及思想工作和生活情况；推荐表彰先进等事项。

第五章 干部队伍

第十七条 机关工会应当根据职工人数相应配备专（兼）职工会干部。职工人数较多的，可以配备专职工会主席。

第十八条 机关工会设专职主席的，一般按同级机关党组织副职领导干部配备；设专职副主席的，一般按相应职级的干部配备。机关工会主席是党员的，应当具备提名作为同级机关党组织常委、委员候选人的条件。

第十九条　机关工会主席、副主席和委员实行任期制，可以连选连任。

工会主席、副主席因工作需要调动时，应当征得本级工会委员会和上一级工会的同意。

工会主席、副主席缺额时，应当及时补选，空缺时间不超过半年。

第六章　工会经费和资产

第二十条　工会会员按规定标准按月缴纳会费。

建立工会组织的机关，按每月全部职工工资总额的百分之二向机关工会拨缴工会经费；由财政统一划拨经费的，工会经费列入同级财政预算，按财政统一划拨方式执行。

机关工会可以按照《中华人民共和国工会法》有关规定，向机关单位申请经费补助，以弥补工会经费不足。

上级工会有权对下级工会所在机关拨缴工会经费情况进行监督检查。对无正当理由拖延或者拒不拨缴工会经费的单位，依据《中华人民共和国工会法》相关规定处理。

第二十一条　具备社团法人资格的机关工会可以设立独立经费账户。费用支出实行工会主席签批制度。

工会经费主要用于为职工服务和工会活动。

机关工会应当按照有关规定收缴、上解工会经费，依法独立管理和使用工会经费。任何组织和个人不得截留、挪用、侵占工会经费。

第二十二条　机关工会应当根据经费独立原则建立预算、决算和经费审查制度，坚持量入为出、厉行节约、收支平衡的原则。

工会经费的收支情况应当由同级工会经费审查委员会审查，并定期向会员大会或者会员代表大会报告，采取一定方式公开，接受会员监督。工会经费的审查工作按照有关法律、规定和工会经费审查制度进行。

工会主席任期届满或者任期内离任的，应当按照规定进行经济责任审计。

第二十三条 各级人民政府和机关单位应当依法为工会办公和开展活动提供必要的设施和活动场所等物质条件。

工会经费、资产和国家拨给工会的不动产及拨付资金形成的资产，任何单位和个人不得侵占、挪用和任意调拨；未经批准，工会所属的为职工服务的企业、事业单位，其隶属关系和产权关系不得改变。

第七章 工会经费审查审计

第二十四条 会员大会或者会员代表大会在选举机关工会委员会的同时，选举产生经费审查委员会，会员人数较少的，可以选举经费审查委员一人。

经费审查委员会主任、副主任由经费审查委员会全体会议选举产生。经费审查委员会主任按同级工会副职级配备。

经费审查委员会或者经费审查委员的选举结果，与机关工会委员会的选举结果同时报上一级工会批准。

第二十五条 机关工会经费审查委员会的任期与机关工会委员会相同，向同级会员大会或者会员代表大会负责并报告工作；在会员大会或者会员代表大会闭会期间，向同级工会委员会负责并报告工作。

第二十六条 机关工会经费审查委员会审查审计同级工会组织的经费收支、资产管理等全部经济活动。

经费审查委员会对审查审计工作中的重大事项，有权向同级工会委员会和上一级经费审查委员会报告。

机关工会经费审查委员会应当接受上级工会经费审查委员会的业务指导和督促检查。

第八章　女职工工作

第二十七条　机关工会有女会员十人以上的建立女职工委员会，不足十人的设女职工委员。

女职工委员会由同级机关工会委员会提名，在充分协商的基础上组成或者选举产生，女职工委员会与工会委员会同时建立，在同级工会委员会领导下开展工作，接受上级工会女职工委员会指导，任期与同级工会委员会相同。

女职工委员会主任由机关工会女主席或者女副主席担任，也可以经民主协商，按照同级工会副主席相应条件配备女职工委员会主任。

第二十八条　机关工会女职工委员会的任务是：依法维护女职工的合法权益和特殊利益；组织开展女职工岗位建功活动；开展教育培训，全面提高女职工的思想道德、科学文化、业务技能和健康素质；关心女职工成长进步，积极发现、培养、推荐女性人才。

第二十九条　机关工会女职工委员会定期研究涉及女职工的有关问题，向机关工会委员会和上级工会女职工委员会报告工作。

机关工会应当支持女职工委员会根据女职工的特点开展工作，并提供必要的活动场地和经费。

第三十条　机关工会女职工委员会通过县以上地方工会接受妇联的业务指导。

第九章　附　则

第三十一条　参照《中华人民共和国公务员法》管理的事业单位，适用本条例。

机关直属企业和实行企业化管理的事业单位工会，依照《企业工会工作条例》执行。

第三十二条 各省、自治区、直辖市总工会，中央直属机关工会联合会、中央国家机关工会联合会可以依据本条例，制定具体实施办法。

第三十三条 本条例由中华全国总工会负责解释。

第三十四条 本条例自公布之日起施行。

中华全国总工会关于印发《工会会员会籍管理办法》的通知

（总工发〔2016〕35号）

各省、自治区、直辖市总工会，各全国产业工会，中共中央直属机关工会联合会、中央国家机关工会联合会，全总各部门、各直属单位：

《工会会员会籍管理办法》已经中华全国总工会第十六届书记处第六十次会议审议通过，现印发你们，请结合实际，认真贯彻执行。

中华全国总工会
2016年12月12日

工会会员会籍管理办法

第一章 总 则

第一条 为规范工会会员会籍管理工作，增强会员意识，保障会员权利，根据《中华人民共和国工会法》和《中国工会章程》等有关规定，制定本办法。

第二条 工会会员会籍是指工会会员资格，是职工履行入会手续后工会组织确认其为工会会员的依据。

第三条　工会会员会籍管理，随劳动（工作）关系流动而变动，会员劳动（工作）关系在哪里，会籍就在哪里，实行一次入会、动态接转。

第二章　会籍取得与管理

第四条　凡在中国境内的企业、事业单位、机关和其他社会组织中，以工资收入为主要生活来源或者与用人单位建立劳动关系的体力劳动者和脑力劳动者，不分民族、种族、性别、职业、宗教信仰、教育程度，承认《中国工会章程》，都可以加入工会为会员。

第五条　职工加入工会，由其本人通过口头或书面形式及通过互联网等渠道提出申请，填写《中华全国总工会入会申请书》和《工会会员登记表》，经基层工会审核批准，即为中华全国总工会会员，发给《中华全国总工会会员证》（以下简称“会员证”），享有会员权利，履行会员义务。工会会员卡（以下简称“会员卡”）也可以作为会员身份凭证。

第六条　尚未建立工会的用人单位职工，按照属地和行业就近原则，可以向上级工会提出入会申请，在上级工会的帮助指导下加入工会。用人单位建立工会后，应及时办理会员会籍接转手续。

第七条　非全日制等形式灵活就业的职工，可以申请加入所在单位工会，也可以申请加入所在地的乡镇（街道）、开发区（工业园区）、村（社区）工会和区域（行业）工会联合会等。会员会籍由上述工会管理。

第八条　农民工输出地工会开展入会宣传，启发农民工入会意识；输入地工会按照属地管理原则，广泛吸收农民工加入工会。农民工会员变更用人单位时，应及时办理会员会籍接转手续，不需重复入会。

第九条 劳务派遣工可以在劳务派遣单位加入工会，也可以在用工单位加入工会。劳务派遣单位没有建立工会的，劳务派遣工在用工单位加入工会。

在劳务派遣工会员接受派遣期间，劳务派遣单位工会可以与用工单位工会签订委托管理协议，明确双方对会员组织活动、权益维护等方面的责任与义务。

加入劳务派遣单位工会（含委托用工单位管理）的会员，其会籍由劳务派遣单位工会管理。加入用工单位工会的会员会籍由用工单位工会管理。

第十条 基层工会可以通过举行入会仪式、集体发放会员证或会员卡等形式，增强会员意识。

第十一条 基层工会应建立会员档案，实行会员实名制，动态管理会员信息，保障会员信息安全。

第十二条 会员劳动（工作）关系发生变化后，由调出单位工会填写会员证“工会组织关系接转”栏目中有关内容。会员的《工会会员登记表》随个人档案一并移交。会员以会员证或会员卡等证明其工会会员身份，新的用人单位工会应予以接转登记。

第十三条 已经与用人单位解除劳动（工作）关系并实现再就业的会员，其会员会籍应转入新的用人单位工会。如新的用人单位尚未建立工会，其会员会籍原则上应暂时保留在会员居住地工会组织，待所在单位建立工会后，再办理会员会籍接转手续。

第十四条 临时借调到外单位工作的会员，其会籍一般不作变动。如借调时间六个月以上，借调单位已建立工会的，可以将会员关系转到借调单位工会管理。借调期满后，会员关系转回所在单位。会员离开工作岗位进行脱产学习的，如与单位仍有劳动（工作）关系，其会员会籍不作变动。

第十五条 联合基层工会的会员会籍接转工作，由联合基层工会负责。区域（行业）工会联合会的会员会籍接转工作，由会员所在基层工会负责。

第十六条 各级工会分级负责本单位本地区的会员统计工作。农民工会员由输入地工会统计。劳务派遣工会员由劳务派遣单位工会统计，加入用工单位工会的由用工单位工会统计。保留会籍的人员不列入会员统计范围。

第三章 会籍保留与取消

第十七条 会员退休（含提前退休）后，在原单位工会办理保留会籍手续。退休后再返聘参加工作的会员，保留会籍不作变动。

第十八条 内部退养的会员，其会籍暂不作变动，待其按国家有关规定正式办理退休手续后，办理保留会籍手续。

第十九条 会员失业的，由原用人单位办理保留会籍手续。原用人单位关闭或破产的，可将其会籍转至其居住地的乡镇（街道）或村（社区）工会。重新就业后，由其本人及时与新用人单位接转会员会籍。

第二十条 已经加入工会的职工，在其服兵役期间保留会籍。服兵役期满，复员或转业到用人单位并建立劳动关系的，应及时办理会员会籍接转手续。

第二十一条 会员在保留会籍期间免交会费，不再享有选举权、被选举权和表决权。

第二十二条 会员有退会自由。对于要求退会的会员，工会组织应做好思想工作。对经过做思想工作仍要求退会的，由会员所在的基层工会讨论后，宣布其退会并收回其会员证或会员卡。会员没有正当理由连续六个月不交纳会费、不参加工会组织生活，经教育拒不改正，应视为自动退会。

第二十三条 对严重违法犯罪并受到刑事处分的会员，开除会籍。开除会员会籍，须经会员所在工会小组讨论提出意见，由工会基层委员会决定，并报上一级工会备案，同时收回其会员证或会员卡。

第四章 附 则

第二十四条 本办法由中华全国总工会负责解释。

第二十五条 本办法自印发之日起施行。2000 年 9 月 11 日印发的《中华全国总工会关于加强工会会员会籍管理有关问题的暂行规定》（总工发〔2000〕18 号）同时废止。

中华全国总工会关于开展会员评议职工之家活动的意见

（总工发〔2009〕28 号 2009 年 6 月 24 日）

为深入贯彻落实党的十七大和工会十五大精神，推进基层工会群众化民主化建设，激发基层工会活力，切实增强工会组织的凝聚力和吸引力，提高基层工会工作整体水平，现就开展会员评议职工之家活动（以下简称“会员评家”）提出如下意见。

一、会员评家的重要意义

按照党中央关于“工会要真正成为职工之家、工会干部成为工人之友”的指示，25 年来，全国基层工会开展的建设职工之家活动，在激发基层工会活力、提升工作水平、密切工会与职工群众联系、推动基层单位改革发展稳定中发挥了重要作用。2008 年 12 月 22 日，中央书记处再次提出“把各级工会组织进一步建成名副其实的职工之家”，为深化建设职工之家活动提出了新的要求。贯彻落实党中央重要指示，推动建设职工之家活动深入发展，必须充分依靠会员群众，高度重视会员评家工作。

会员评家是加强基层工会民主建设的重要内容。党的十七大对加强社会主义基层民主建设作出了部署，对基层工会民主建设提出了新的要求。工会本身应是民主的模范。进一步开展会员评家活动，有利于加强基层工会民主建设，发扬会员民主，保障会员知情权、参与权、监督权的落实。

会员评家是密切工会与会员群众联系的客观需要。当前，基层工会工作与党中央的新要求、职工群众的新期待还有一定距离。一些基层工会存在着民主制度不健全、会员主体作用发挥不充分等问题。在会员评家中加强民主制度建设，有利于坚持完善会员（代表）大会制度和会员代表常任制，实行会务公开，推进基层工会决策的民主化科学化。

会员评家是推进建设职工之家深入发展的有效机制。会员满意度是衡量基层工会工作和建设职工之家成效的根本标准。广泛开展会员评家活动，有利于创新建设职工之家工作机制，充分调动会员群众参与工会活动的热情，使基层工会工作更加富有生机和活力。

二、会员评家的基本内容

依据建设职工之家的基本要求，会员评家的基本内容是：

（一）健全组织体系。基层工会委员会、经费审查委员会、女职工委员会等组织健全，单独设置工会工作机构，依法独立自主开展工作；工会主席（副主席）的产生符合有关规定，工会委员会按期换届选举；依法进行工会法人资格或工会法人代表变更登记；有单独工会财务账号，独立使用工会经费；加强专兼职工会干部、积极分子队伍建设；加强会员会籍管理，职工入会率达到85%以上。

（二）促进科学发展。以创建“工人先锋号”为主要载体，深入开展“当好主力军、建功‘十一五’、和谐奔小康”，“同舟共济保增长、建功立业促发展”，“我为节能减排做贡献”等劳动竞赛，推动企事业单位发展；广泛开展合理化建议、技术革新、技术协作和发明创造等群众性经济技术创新活动，激发干部职工的创新活力；加强劳动模范（先进工作者）的培养、评选、表彰、宣传和管理，激励职工立足岗位、建功立业。

（三）履行维权职责。建立平等协商和签订集体合同制度，开展“共同约定行动”，协商解决涉及职工切身利益的重大问题；指导和帮助职工签订劳动合同，依法妥善处理劳动争议纠纷，提供法律援助，构建和谐劳动关系；坚持和完善以职工代表大会为基本形式的民主管理制度，推行厂务公开，落实职工代表大会各项职权；公司制企业依照有关规定选举职工代表参加董事会和监事会，参与企业管理；协助和督促行政落实国家各项涉及职工权益的法律法规。

（四）实施素质工程。发挥工会“大学校”作用，积极开展“共筑理想信念、共促科学发展”主题教育活动，以社会主义核心价值体系引领职工；深入开展“创建学习型组织、争做知识型职工”活动，加强职工教育培训，提高职工整体素质；开展群众性精神文明创建和文化体育活动，推动职工文化和企业文化建设。

（五）服务职工群众。关心职工疾苦，倾听职工呼声，积极反映职工的意愿和要求；热心服务职工群众，努力为职工做好事、办实事、解难事；开展送温暖活动，履行帮扶特困职工“第一知情人”、“第一报告人”、“第一协调人”的职责。

（六）加强自身建设。工会领导成员坚持民主集中制，密切联系群众，廉洁自律，管好用好工会经费和资产；健全各项组织制度、工作制度，基础资料齐全；坚持会员（代表）大会制度，完善会员代表常任制，实行会务公开，接受会员群众民主评议和监督；深入开展建设职工之家、“双爱双评”活动，按照会员群众意愿开展活动，提升工会工作水平。

三、会员评家的方式方法

（一）在同级党组织领导和上级工会指导下，会员评家通过召开会员（代表）大会进行，每年至少评议一次。

（二）会员评家主要评议基层工会开展工作、建设职工之家情况，评议工会主席（副主席）履行职责情况。

（三）会员评家前应将评议内容、评议标准告知会员，做好组织发动和准备工作，并向上级工会报告。

（四）工会主席（副主席）在会员（代表）大会上报告工会工作及建设职工之家情况，并就个人履行职责情况进行述职。会员（代表）对工会工作、建设职工之家情况和工会主席（副主席）在进行民主评议的基础上，以无记名投票方式进行测评。测评可分为满意、基本满意和不满意三个等次，当场公开民主测评结果。

（五）会员评家的结果应报同级党组织和上一级工会，并作为考核基层工会工作和工会主席（副主席）的重要依据。对会员群众民主评议、民主测评反映的突出问题，该基层工会应向会员（代表）群众反馈整改措施。

四、会员评家的激励与约束

（一）应把会员民主测评满意等次作为评价基层工会工作和评选先进的依据。对获得满意等次的基层工会和工会主席（副主席），可作为推荐申报本级或上级各类先进集体、先进个人的依据；对连续三年以上获得满意等次的模范职工之家的基层工会和工会主席（副主席），可作为推荐申报本地或上级“五一劳动奖状”、“五一劳动奖章”的依据；对获得满意等次的基层工会和工会主席（副主席），上级工会和本单位可以给予适当奖励。

（二）对会员民主测评不满意的基层工会，限其一年内进行整改；会员仍不满意的，对已获得合格、先进、模范职工之家称号的，上级工会可撤销其称号。

对会员测评不满意的工会主席（副主席），所在单位党组织和上级工会应在核实的基础上对其进行诫勉谈话；连续两年会员仍不满意的，应按照工会章程和有关规定程序对工会主席（副主席）进行调整。

（三）基层单位及其党政负责人拟推荐申报工会系统评选表彰的各类先进，会员评家必须达到满意等次。

五、会员评家的组织领导

（一）各级工会领导机关要切实把会员评家作为全面推进职工之家建设、加强基层工会工作的一项重要制度和措施，摆上重要议事日程，加强组织领导。要结合本地区、本产业（系统）实际，研究制定具体的实施细则，健全完善制度，可在适当范围、集中一段时间，适时统一部署开展会员评家活动，扎扎实实地加以推进。

（二）各级工会要加强宣传，引导会员群众正确把握会员评家的内容、方法和程序，正确行使民主权利，积极参加会员评家活动，保证会员评家工作健康发展。要防止“建家”和“评家”中的形式主义，正确处理硬件建设和发挥作用的关系，真正以会员群众的满意度评价工会工作和工会干部。

（三）基层工会应增强责任意识，把会员评家作为会员（代表）大会的重要内容，认真抓好落实。对未经上级工会同意，没有开展会员评家的基层工会，上一级工会应督促其改进，并取消该工会组织、工会主席（副主席）当年参加工会系统评先的资格。

（四）各级工会领导机关要加强对会员评家工作的督促检查，形成长效机制，定期组织进行自查、互查、抽查，适时进行通报，确保会员评家取得实际效果。加强分类指导，针对不同类型基层工会的实际，研究解决工作中遇到的新情况新问题，总结经验，推广典型。

（五）会员评家在各类企业、事业单位、机关和其他社会组织的基层工会普遍展开，积极探索区域性、行业性基层工会联合会开展会员评家的新形式新途径，有计划分步骤地扩大会员评家工作覆盖面。